Las alas del espíritu

Las alas del espíritu

Liberar la identidad espiritual

El mundo y la sabiduría de

Dadi Janki

Health Communications, Inc.
Deerfield Beach, Florida

www.hci-online.com

Library of Congress Cataloging-in-Publication Data

Janki, Dadi.

Wings of soul : releasing your spiritual identity / Dadi Janki.

p. cm.

Reprint. London, England : Brahma Kumaris Information Services, Global Co-operation House.

ISBN 1-55874-782-6

1. Spiritual life—Hinduism. I. Title.

BL1237.32.J36 1999

294.5'44—dc21 99–10664

CIP

ISBN 1-55874-782-6

Originally published by Brahma Kumaris Information Services, Global Co-operation House, 65 Pound Lane, London NW10 2HH UK, in association with Brahma Kumaris World Spiritual University (UK) registered charity No. 269971. ISBN 1-886872-12-0 first published 1998.

Publisher: Health Communications, Inc.
3201 S.W. 15th Street
Deerfield Beach, FL 33442-8190

Artwork by Marie Binder
Layout by Dawn Grove

INTRODUCCIÓN

Dadi Janki
Directora administrativa adjunta
Brahma Kumaris

Prajapita Brahma
Fundador
Brahma Kumaris

¿Pueden las palabras convertirse en alas? La gran poesía eleva el espíritu, pero este libro aspira, además, a conducir al alma a terrenos todavía más elevados, a un estado de felicidad permanente. El amor y la sabiduría que irradian sus páginas son de origen divino, y es sólo el Divino quien puede ensoñarnos a alcanzar un lugar más allá de la aflicción.

Dadi Janki es una yoguini, alguien que busca la unión con Dios. La misión de su vida ha sido edificar en su interior la experiencia del Divino y compartirla con el mundo. Está convencida de que con la ayuda de Dios, podemos alcanzar tal comprensión del propio ser y de los que nos rodean, que cualquier peso del pasado puede dejar de serlo, permitiéndonos restaurar todo nuestro potencial.

Nacida en la India en 1916 en el seno de una familia devota

y filantrópica, Dadi Janki recuerda su niñez como una época llena de anhelo por conocer y acercarse a Dios. En 1936, a los diecinueve años, experimentó ese encuentro de forma directa. Tuvo lugar a través de Prajapita Brahma, un antiguo hombre de negocios que, a raíz de una serie de visiones extraordinarias, dejó todo lo que tenía para fundar un nuevo movimiento para la renovación espiritual mundial.

Brahma Baba, como afectuosamente se le conoce, sintió que había alcanzado un bajo nivel en su propio viaje a través del tiempo, pero que el Supremo le mostraba ahora cómo ayudarse a sí mismo y a los demás. Desde el instante en que le conoció, Dadi Janki supo que debía seguir la misma luz, con la misma dedicación. Desde entonces, cientos de miles de personas de diferentes orígenes religiosos y sociales, han emprendido el mismo sendero, inspirados por el ejemplo de los miembros fundadores.

Mantener el corazón y la mente en equilibrio y sosegados, y permanecer alerta a la presencia y guía del Divino, ha sido la máxima prioridad en la vida de Dadi, de la que han surgido tantos logros prácticos. Dadi ha demostrado una inquebrantable voluntad en la tarea de cambiar el mundo a través de la autotransformación. Su motivación es tan pura y su carácter tan positivo que, en un mundo oscurecido por el materialismo, sus pensamientos y palabras resplandecen como joyas.

Este libro es una selección de esas joyas: pulidas intuiciones acerca de la verdad y la naturaleza esencialmente espiritual del ser, y sobre cómo puede aplicarse y mantenerse esa verdad en la vida cotidiana. Su objetivo no es deslumbrar desde la lejanía, sino conseguir adornar nuestros corazones y mentes y transformarlos para que, como Dadi Janki, también nosotros podamos caminar por la vida como ángeles libres: por encima pero sin alejarnos, desapegados pero afectuosos, en las alas del espíritu.

El Libro

Este libro es una recopilación de algunas de las clases y conferencias públicas que Dadi Janki ha impartido a lo largo de diez años. Han sido revisadas y editadas con el fin de comunicar el espíritu, y no sólo la letra, de sus palabras.

Uno de los primeros pasos a la hora de editar este libro ha sido adaptar las expresiones orales de Dadi al lenguaje escrito. Fue todo un desafío, ya que Dadi casi nunca imparte conferencias, o charlas: nunca lee nada parecido a un texto preparado. Siempre que Dadi se dirige a una sala con nueve personas o a un auditorio de novecientas, sus palabras fluyen con una facilidad que proviene de la sabiduría de su propia experiencia personal. Dadi sólo habla desde el corazón, y quien haya asistido a alguno de sus programas nunca ha tenido la sensación de estar escuchando una conferencia, sino que sienten que los están mimando, o que escuchan una sinfonía, o que presencian una danza, tal es la riqueza y belleza que Dadi comparte. ¿Cómo puede ponerse sobre papel toda esa magia?

Esa es la razón por la que el libro utiliza un formato entre la estrofa y el verso. La idea es crear un espacio entorno a las palabras de Dadi que invite al lector a ir más allá de ellas y captar la vibración e intención que las envuelve. Muchos de los que la conocen saben que si adoptan esa actitud mientras la escuchan es como si el mismo Dios pulsase esos acordes en su interior y que estos resonasen al ritmo de lo que Dadi relata. Y el oyente se convierte en algo más. Se convierte en parte de esa sinfonía, de esa la danza, en ellos mismos. Espero que disfruten de parte de esa sensación al explorar las páginas de este libro.

Se han añadido las hermosas pinturas de la artista francesa Marie Binder con el mismo propósito: hacer accesible la total experiencia de la sabiduría de Dadi de una manera que trascienda la mera aproximación del hemisferio izquierdo del cerebro. Las sutilezas de las pinturas invitan al hemisferio derecho a participar en el proceso de comprensión *a través* del corazón, de lo que Dadi comparte *desde* el corazón.

Además de ser una fuente de inspiración, Dadi es una experta a la hora de eliminar obstáculos mentales y emocionales que impidan la autosatisfacción. Este libro contiene muchas de las herramientas necesarias para llevar a cabo dicho proceso. Espero que experimenten con ellas y que les resulten de tanta utilidad práctica en sus vidas como lo han sido en la mía.

Incidentalmente, el uso frecuente por parte de Dadi del pronombre "Él" para referirse a Dios no debe malinterpretarse como una comprensión únicamente masculina de Dios. Las enseñanzas de Raja yoga de Brahma Kumaris se basan en la experiencia de Dios como un Ser no físico, que es Supremo en virtud del perfecto equilibrio entre atributos masculinos y femeninos. Los principales motivos para utilizar el pronombre "Él" son de índole estilística.

En la realización de este libro han colaborado muchas personas a las que quisiera agradecer su generosa contribución en tiempo e ideas.

Finalmente, me gustaría expresar mi gratitud, tanto a Dios como a Dadi, por la maravillosa oportunidad de haber podido trabajar en este libro. Ha sido una feliz ocasión para reforzar mis ideales y mi empeño por transformar el mundo mediante la autotransformación.

El editor

A Dios

Gracias por concedernos
alas al espiritu e
inspirar nuestros corazones volar.

ÍNDICE

Parte A: Inicio de la visión

Parte B: Vivir la visión (Preguntas y respuestas)

1. Espiritualidad en la vida cotidiana

2. Dios

3. El mundo

4. Meditación

5. El arte de vivir

HUMILDAD E INICIACIÓN

Primera parte

I El poder de la verdad

El poder de la verdad es tal que no tienes que preocuparte por demostrarla.

Tratar de demostrar la verdad sólo demuestra tu propia obstinación.

Sólo tienes que preocuparte por vivirla, por ser tú mismo.

La verdad siempre es revelada, en el momento adecuado y en el lugar preciso.

Por ello, la más simple y poderosa expresión de la verdad es la humildad.

II Sencillez

La humildad te hace sencillo y honesto.

Cuanto más humilde seas, mayor será tu comprensión de la verdad. Y viceversa.

III Amor propio

El amor propio es un estado de dignidad interior que proporciona un gran bienestar. Sea cual sea la situación, todo se vuelve claro y sencillo.

Tienes que tratar tu amor propio con mucho cuidado, asegurándote de no perderlo nunca. La base para mantenerlo es la humildad.

IV Protección

Existe mucho poder en la humildad.

Este poder a veces es útil para protegerte a ti mismo.
Y otras, para proteger a los demás.

El poder de la humildad te permite ver que todas las cosas tienen un aspecto positivo que les es inherente. Todo, incluso los insultos.

Te permite decir: "Tal vez tenga que aprender algo de todo esto". "Si me dice esto; debe ser por algo".

Incluso los insultos se convierten en oportunidades para aprender de forma natural.

No sientes la necesidad de enfadarte. No te afectan de manera negativa.

Tu amor propio te mantiene firme, sean cuales sean las críticas.

Aunque el problema sea de los otros, no tuyo, y no haya nada que debas cambiar en ti mismo, la humildad te evita la necesidad de manifestarlo.

La auténtica humildad aumenta el poder de la verdad y el silencio interior de forma que no necesitas decir nada.

El auténtico poder de tu estado interior hará que la otra persona se percate de lo erróneo de sus maneras.

Tu única esperanza en ese momento es que tu humildad les conmueva para que también ellos puedan abrirse y disfrutar de su propia humildad.

V Ofrecer

A veces las personas no se abren a la humildad. Todavía no comprenden su poder, así que se aprovechan de tu actitud, creyendo que eres débil.

Si así fuese, lo primero que has de que recordar es que tu deber es ayudar a los demás . . .

Y al hacerlo, es importante que seas infatigable a la hora de dar. No has de abandonar nunca, no debes parar, porque llegará el día en que comprendan y aceptarán tu ayuda.

Sin embargo, también es importante que valores si son dignos de tu ofrecimiento.

Comprender el valor de lo que ofreces es un primer paso; comprender a quien se lo ofreces, el segundo.

Si no son dignos de lo que les ofreces, es como si lo desperdiciases.

Necesitas sabiduría para comprender estas dos cosas: el valor de lo que estás dando y hasta qué punto la otra persona se beneficia.

Si tu ofrecimiento es total, pero los destinatarios lo desdeñan, ¿qué sentido tiene? Humildad no significa malgastar tus recursos. Humildad significa poseer la sabiduría para comprender el poder de tus recursos y ofrecerlos en consecuencia.

VI Comprensión

Algunas personas creen que tener humildad o ser humilde implica inclinarse ante los demás y mostrarse servil. Les parece muy difícil cultivar la humildad. No es esa mi experiencia.

Para mí, la humildad significa comprender el propio ser y, a través de esa comprensión, comprender a los demás.

Pensar acerca de la humildad es como pensar en un viejo amigo: en alguien de quien se ha aprendido mucho, que nos ha enseñado mucho.

Desarrollar la humildad ha traído sosiego a mi vida.

VII Amor

La humildad es un poder basado en una conciencia muy elevada de quiénes somos.

Un estado de conciencia tan elevado nos convierte en personas tranquilas, pacíficas y afectuosas.

Quien tiene humildad rebosa amor y respeto. Y como se encuentra repleto, su único deseo es dar. El que posee humildad nunca es egoísta.

La humildad hace que el corazón se abra y se muestre generoso. No siente deseos de recibir.

La humildad facilita las relaciones de amor y respeto.

Cuando tienes humildad, eres feliz comprendiendo los corazones ajenos. Quieres comprender el corazón de los demás.

La humildad te permite aceptar lo que otra persona dice. Y si hoy aceptas lo que dicen otros, el día de mañana ellos aceptarán lo que tú tengas que decir.

Quien tiene humildad permanece feliz y hace felices a los demás. Una persona humilde dirá: "Sea lo que sea y tenga lo que tenga, está bien. Soy feliz, estoy contento".

Una persona humilde no se enfada nunca.

Si eres humilde, la gente se acercará a ti con amor. La humildad hace que se manifieste tu divinidad.

Segunda parte

I El enemigo

Humildad y arrogancia son enemigos.

Si hay arrogancia, no es posible la humildad. Y si hay humildad, no es posible la arrogancia.

Si existe alguien que no te gusta, odias o envidias, no puedes ser humilde.

Si tu actitud es la de “dame, dame, dame”, o crees que nadie debe tocar nada que sea tuyo, entonces no podrás desarrollar la humildad.

Si tienes el hábito de señalar a otros, diciendo: “Éste hace tal cosa . . .; aquél hace tal otra . . .; deberían hacer esto o aquello”, no podrás desarrollar la humildad.

Si deseas que los demás te respeten, no puedes ser humilde.

Si anhelas posición o riquezas, no puedes ser humilde.

II La limitación

La arrogancia suele empezar por cosas externas, pero acaba instalándose en lo más profundo del alma, penetrando en todas partes y destruyéndolo todo.

La arrogancia provoca cólera y codicia.

Piensa en ello.

El arrogante siempre alberga cólera y codicia en su interior, además de obstinación.

Una persona arrogante dice: "No consigo que me respeten". "Nadie me quiere".

El arrogante no siente amor ni compasión verdaderos.

Carece del poder para comprender el corazón ajeno. No quiere comprenderlo.

Una persona arrogante se muestra distante.

III Limitación al servir

La arrogancia impide que sirvas bien a las personas. Acaba con cualquier rasgo de sinceridad que hubiera en tu acto de servicio.

Tu servicio se ve limitado por motivos egoístas. Lo utilizas para inflar tu limitado sentido del ser. Una señal que lo demuestra es tu necesidad de recompensa inmediata. Es como comer fruta verde. Te pone enfermo.

La arrogancia te hace impaciente.

IV Limitación en las relaciones

Si tu manera de servir se basa en arrogancia, no serás capaz de recibir la ayuda de Dios.

Sin Dios te sientes solo. No puedes hacer nada solo.

Es como si te convirtieses en un ser artificial, porque sin Dios no existe ningún tipo de fuerza interior.

V Renunciar a la arrogancia

La humildad te permite desarrollar de manera natural una muy buena relación con Dios porque te sitúa en la misma longitud de onda.

La humildad te permite recibir de Dios amor, paz y felicidad.

Obtienes todo esto de Él automáticamente cuando existe humildad en tu interacción con los demás.

Los humildes llevan a cabo su servicio sin sentir necesidad de ver los frutos de su labor.

La humildad te enseña a renunciar a la arrogancia.

Tercer parte

La humildad es la madre de todas las virtudes.

¿Te parece que es así? Piensa en ello.

Si posees todas las virtudes excepto la humildad, serás un ser humano virtuoso arrogante de sus virtudes.

Sin embargo, si eres virtuoso y humilde, serás una encarnación de lo divino.

I El poder de la humildad

La auténtica humildad no debe confundirse con la baja autoestima.

Compartiré un secreto muy personal contigo: así como nunca trataré de controlar a nadie, tampoco permitiré que nadie me controle.

Así como nunca forzaré mi voluntad ante nadie, tampoco dejaré que nadie fuerce la mía. Esto no es arrogancia. Es amor propio.

La auténtica humildad, es decir, el poder de la humildad, es otra forma de referirnos al amor propio.

Si tu humildad es auténtica, te guiará y te mantendrá por encima de todo, como si la humildad fuesen unas alas nacidas del entusiasmo por tu hermosa verdad.

La humildad te enseña el arte de volar.

Por muy elevado que sea el destino, con una alas como estas puedes estar seguro de que lo alcanzarás.

Otro secreto es que el ego no va a desaparecer así como así.

De hecho, te seguirá a todas partes. Incluso en esas meditaciones llenas de luz.

Estarás ahí sentado y de repente aparecerá éste o aquél pensamiento proveniente de tu ser limitado, y te arrastrará en un segundo.

Si te ocurre significa que sigues estando a merced de influencias de un orden menor. Es una señal del ego.

En realidad, siempre que sientas una influencia negativa, interna o externa, el ego será el causante. El ego es muy sutil y por eso no resulta fácil detectarlo.

Trabaja de forma subterránea, minando los cimientos de tu verdad.

Todo, absolutamente puede henchirlo: comentarios y críticas; todo tipo de circunstancias y situaciones; cualquier cosa puede dispararlo.

Y entonces te sientes totalmente dominado por él.

Sin embargo, si te mantienes alerta y diriges la atención a ti mismo, serás capaz de mantenerte humilde.

Serás capaz de recordar que todo lo que ocurre es una prueba.

Estás siendo probado en tu determinación de no permitir que nada te toque las alas.

Ten cuidado a la hora de usar ojos y oídos.

Háblales. Di a tus ojos: "¡Así es como debéis mirar!", y a tus oídos: "¡Eso no tenéis que escucharlo!".

Mantén tu amor propio recordando que no permitirás que el ego te alcance, que vas a mantenerlo a raya.

Mientras continúas volando.

II La humildad de un árbol

La humildad es la mayor de las virtudes.

Y eso es así porque la humildad te permite ser virtuoso con los demás de manera incondicional.

Considera la humildad de un árbol frutal. Fíjate que cuando ha florecido y sus ramas están henchidas de frutos, se doblan e inclinan, facilitando que otros puedan tomar lo que tiene que ofrecer.

De la misma manera, cuando tu carácter rebosa virtud, tu disposición para inclinarte y doblarte facilita que los demás puedan tomar lo que tienes que ofrecer.

Un árbol cuyas ramas estén muy altas no será capaz de inclinarse y doblarse, y por ello resultará difícil alcanzar sus frutos.

El ego es igual.

Puede que vayas con la cabeza muy alta, pero de hecho no ofreces nada de verdadero valor.

Piensa en ello. ¿Cómo es una vida llena de humildad? ¿Y cómo es sin ella?

III El ejemplo de Dios

Dios es el Supremo. Sin embargo, Dios es totalmente humilde.

Aunque Él es quien todo lo hace, se oculta a Sí mismo, diciendo: "No hago nada".

No importa lo alto que lleguemos; también debemos ser humildes.

IV Cultivar la humildad

Para desarrollar la humildad del amor propio, necesitas comprenderte a ti mismo claramente y en profundidad.

Necesitas comprender el poder de tu propia verdad y desarrollar tu carácter sobre esa base.

La humildad del amor propio proviene de saber que, originalmente, éramos y somos eternos.

Dicho de otra manera, significa conocerte a ti mismo como un hijo de Dios.

Mumildad e iniciación

Para ello es muy importante contar con la sinceridad interior hacia tu ser más elevado y hacia Dios.

Lo mismo vale para la paciencia.

Debes considerarte un aprendiz permanente.

Nunca creas que lo has hallado todo, que has hecho todo, que lo sabes todo.

No albergues sentimientos negativos o ideas parciales hacia nadie. Mantén el corazón abierto y limpio, porque la humildad necesita un buen hogar donde morar.

En lo más profundo de tu ser siguen existiendo corrientes puras de tu estado original.

Esas corrientes están libres del ego.

Cuanto más avanzas en la conciencia del alma a través de la meditación, más experimentarás ese yo libre de ego.

Experimentarlo es saber que te acercas a Dios.

V Conclusión

La humildad nos enseña el arte de vivir.

La humildad hace la vida hermosa al enseñarnos cómo conservar el amor propio y mostrar respeto por los demás.

El corazón se abre a la verdad más hermosa a través de la humildad:

Tenemos derecho al amor de Dios.

Parte B

Vivir la visión

Preguntas y respuestas

1

La espiritualidad en la vida cotidiana

¿Realmente existe un ser perfecto? ¿Cómo se logra?

Empecemos por imaginar un diamante. Para lograr que el diamante brille, primero hay que limpiarlo de impurezas.

El mismo principio vale para nosotros.

Originalmente, el alma era como un diamante puro.

Para restaurar ese brillo original, hay que eliminar las impurezas acumuladas en el alma.

Por impurezas me refiero a los errores que hemos cometido, que se acumulan en el alma como los defectos en un diamante.

La perfección es eliminar los defectos del alma.

Sin embargo, se trata de algo más.

Aparte de eliminar la falsedad del alma, la perfección trata en realidad de inculcar la verdad.

La verdad hace que el alma brille.

I Verdad

En realidad la verdad es pureza.

¿Qué queremos decir con pureza? Pureza significa ser sincero con nuestro ser más elevado.

Significa desarrollar una sinceridad tal que el mismo Dios se siente atraído y que esa atracción se haga visible a través nuestro.

La verdad significa alcanzar ese nivel de pureza en la vida cotidiana.

Nuestra manera de ser —con nosotros mismos, con Dios y con los demás— debe basarse en ese grado esencial de sinceridad.

Ese tipo de sinceridad —completa, absoluta y del orden más elevado— es real, y te hace real también a ti.

Este es un aspecto muy importante porque sólo siendo sincero hasta ese punto se pueden eliminar los errores, o defectos, del alma.

II El corazón de los demás

Otro aspecto de la perfección es el efecto que causan tus errores en los demás. Eso tiene que ser eliminado.

Una cosa es ser sincero contigo mismo y con Dios; reconocer los errores ante ambos y sentirte bien por ser honesto interiormente.

Pero otra cosa es eliminar los errores de los corazones ajenos. ¡Hace falta mucha sinceridad! Incluso más de la necesaria para ser sincero con uno mismo y con Dios. ¿Por qué? Porque a menudo las personas temen menos a Dios de lo que temen a lo que puedan pensar o decir los demás.

No obstante, eliminar tus errores del corazón de los demás no resulta difícil. Puede hacerse de una sentada.

Basta con que mires en su corazón, que dejes que tu propio corazón se conmueva, y les ofrezcas la compañía de tu verdad.

Esta es la manera se convertirse en un diamante puro; es decir, de hacer que emerja tu ser perfecto.

¿Qué impide que realice mi más elevado potencial?

Existen tres tipos de circunstancias que impiden que puedas realizar tu más elevado potencial.

Una es permitir que otros te influyan; la segunda, permitir que te controlen, y la tercera, sentir apego por alguien o algo.

Sería bueno comprobar si alguna de esas circunstancias está presente en tu vida y, si así es, hasta qué extremo.

I Influencias

El peligro de estar abierto a la influencia casual de los que te rodean es triple. En primer lugar, porque impide que experimentes la influencia de Dios.

En segundo lugar, porque impide que puedas reconocer y experimentar tu propio y verdadero ser. Y, en tercer lugar, porque ambos aspectos dificultarán tu acercamiento a Dios.

Es importante darse cuenta de que estas influencias no sólo pueden aplicarse a aspectos externos, sino que también pueden provenir del interior.

Por ejemplo, la arrogancia, o cualquier programación o condicionamiento proveniente del ser inferior.

II Estar controlado

Permitir que te controlen puede alejarte de la experiencia de tu propia singularidad, de forma que apenas si puedes salir en defensa de tu propio ser.

Este tipo de "control" no sólo puede ser el resultado de fuerzas externas.

Hay personas que ejercen ese tipo de represión sobre su propia naturaleza, talentos y conciencia interior.

La cólera, por ejemplo. Dejarte controlar por el sentimiento de cólera es reprimir tus cualidades originales de tolerancia y amor.

Permitir que te controlen, otros o tu mismo, durante un tiempo prolongado crea una especie de aflicción en el alma.

La manera de liberarse de influencias indeseadas y de su control es comprender que no sólo eres un hijo de Dios, sino también Su heredero.

Eso quiere decir que todo lo que Él tiene también te pertenece.

Dios siempre dice: "Hijos, vosotros sois los dueños . . . Todo lo mío es vuestro . . ."

Aprecia que Dios no quiera controlar a nadie.

Sólo necesitas reconocer a Dios y a tu propio y auténtico ser y acercarte a ambos.

Eso te pondrá de nuevo al mando.

III Apego

Apego significa depender de alguien o algo para tu propio bienestar.

Es el resultado de identificarte demasiado con cosas externas, como posición, riquezas o personas.

(Más saludable sería identificarse con las verdades más sutiles que subyacen en tu interior, como la divinidad y la dignidad de ser hijo de Dios).

Otra manera de decir lo mismo es que el apego te hace dependiente de un apoyo externo, sea cual sea, como un inválido de sus muletas.

De los tres obstáculos que te impiden ser capaz de vivir tu verdad más elevada, el apego es el peor. Crea muchas limitaciones.

Mientras que la influencia permea tu personalidad y el control la oscurece en parte, el apego la destruye.

Eso ocurre porque te hace depender de otras personas o cosas, hasta el punto de impedirte cultivar plenamente tu propia personalidad, a ti mismo.

El apego te engaña al hacerte creer que no necesitas desarrollar tu verdad hasta su máximo potencial.

Crees que una vida apoyada sobre lo que podría denominarse muletas emocionales es una buena vida. Imaginas, equivocadamente, que esas muletas te durarán siempre.

Al contrario que las influencias o el control, el apego es voluntario y una limitación del ser autoimpuesta.

Como la experiencia de ser influido o controlado suele ser bastante dolorosa, la gente acaba buscando maneras de liberarse de ellas.

Sin embargo, en el caso del apego, el daño es más sutil. Las personas son menos consciente de él y, por lo tanto, no se dan tanta prisa por liberarse.

IV La pérdida

El apego impide que desarrolles la alegría universal de ser un hijo de Dios, de formar parte de la familia de Dios, de ser la niña de Sus ojos.

Con apego, no serás capaz de sentir el poder del amor de Dios y sus bendiciones, ni de disfrutar de su eterna compañía.

Por todo ello te resultará muy difícil elevarte por encima de los defectos e impurezas del alma para reclamar el patrimonio de divinidad que te corresponde.

La felicidad constante y natural continuará eludiéndote. No importa de qué tipo de apego se trate: a la imagen que tienes de ti mismo, a la imagen que tú tienes de los demás, a las competencias de los demás . . .

El apego te destruye —destruye tu yo real— por completo.

V Soluciones

Para liberarte de los tres estados de esclavitud, continúa aumentando la calidad de tu pensamiento y tu estado mental general.

¡Sigue avanzando! Cultiva el sentimiento de que nadie puede detenerte.

Comprende que todos y cada uno de nosotros desempeñamos un papel, y lleva a cabo el tuyo como corresponde.

No entres en preguntas del tipo de *por qué o qué:* "¿Por qué esta persona siempre hace eso?" "¿Qué es lo que quiere ahora?"

Esas preguntas te alejarán de los demás y les mantendrán alejados.

Evita pensar que los demás deben hacer lo que tú les has dicho que hagan. Aprende a desarrollar el afectuoso sentimiento de que cada uno de nosotros debemos hacer únicamente lo que Dios quiere que hagamos.

Piensa en ello y verás cuánta capacidad de transformación interior contiene.

Abrirás los ojos y serás capaz de reconocer tu propia verdad, tu propio ser y también a Dios.

Eso es lo que te hace libre.

¿Cómo puedo permanecer libre de tensiones?

En primer lugar asegúrate de que utilizas la respiración, los pensamientos y el tiempo de una manera útil. Existe un poder si se usan bien esas tres cosas.

Este poder también invoca la compañía de la Autoridad Todopoderosa. Y eso, a su vez, crea todavía más poder.

Resulta muy útil, porque para poder dirigir las energías de la vida actual, se necesita mucho poder.

El método para lograrlo es convertirse en un fiel compañero de Dios y Su obra, en cada momento, con cada pensamiento y cada respiración.

I Pensamientos

En el caso del pensamiento, es cuestión de convertir en útil cada uno de los pensamientos. Un pensamiento útil es aquél que te beneficia a ti mismo y a los demás.

Por ejemplo, son pensamientos útiles los que sirven para aumentar la experiencia de tu propio valor y te ayudan a comprender el valor de tu vida.

II Respiración

La respiración significa una manera de ser. Por ejemplo, resulta muy positivo poder dar charla tras charla sin cansarte, sin sentir la más mínima sensación de incomodidad.

¿Cómo es posible? Pues por la manera de dar la charla; es decir, por la manera de utilizar la energía.

Utilizar la energía de la manera adecuada significa no implicarse emocionalmente, no sobresaltarse y permanecer tranquilo y recogido.

"Apresurar" la respiración, aunque sea ligeramente, mientras se lleva a cabo una tarea, provoca una pérdida de poder y cierta sensación de incomodidad.

III Tiempo

Lo anteriormente dicho te permitirá controlar tu relación con el tiempo. De hecho, el tiempo puede utilizarse automáticamente con éxito si se usan de manera adecuada la respiración y el pensamiento.

Piensa en ello y ponlo en práctica. Verás cómo te ayudan a controlar el estrés cotidiano.

¿Es posible perdonar y olvidar?

Sí, pero tiene que ocurrir al revés. Primero tienes que olvidar. Sólo así tu perdón será real.

Nunca serás capaz de perdonar realmente un incidente o situación si tu corazón o tu cabeza siguen aferrándose a ellos.

Tienes que ser capaz de soltarlos.

Tienes que ser verdaderamente capaz de olvidar, hasta que parezca que no ha sucedido nada y que no sabes nada del asunto.

I Recordar

No obstante, alcanzar este nivel de "olvido" no es tanto una cuestión de olvidar como de recordar.

Necesitamos recordar algo totalmente diferente; es decir, qué significa ese incidente en nuestra vida, ahora.

Este es el esfuerzo que se requiere cuando una situación que quieres olvidar se te presenta de frente. Dile una y otra vez: "Muy bien, ¿pero qué tiene que ver conmigo todo eso, aquí y ahora?"

II Nuestro deber

De hecho, ni siquiera me gusta utilizar la palabra "olvidar". El mismo proceso de tratar de olvidar algo hará que lo sigas recordando.

¿Por qué deberías hacerte una cosa así?

Es nuestro deber recordar muchas cosas, como nuestra propia dignidad y divinidad, por no hablar de la de los demás.

"Olvidar" no es el problema. "Olvidar" no es nuestro deber.

Nuestro deber es recordar.

¿Cómo me perdono a mí mismo?

El perdón de uno mismo tiene lugar a dos niveles diferentes. El primero es práctico y directo.

El segundo requiere un tipo de esfuerzo más sutil y secreto, que vale la pena comprender, porque es un proceso extraordinario, y más permanente.

I El esfuerzo práctico

En el primero, el primer paso es comprender que has cometido un error. No se trata —como en el caso de perdonar— de olvidar. Creer que simplemente puedes olvidar los errores y que todo irá bien es ser descuidado.

En lugar de eso, es necesario comprender la gravedad del error cometido.

No importa si los demás lo consideran nimio; es conveniente

considerar los errores más pequeños como si fuesen grandes.

La verdadera dignidad y realidad del ser no permite nada inferior.

II Señales

Si has comprendido sinceramente tu error, pero tu mente continúa dándole vueltas sin cesar, piensa que es una señal de que necesitas perdonarte a ti mismo.

Otra señal es cuando, al comprender el error, el alma se siente inundada por los sentimientos de culpa y un flujo imparable de pensamientos innecesarios.

¿Por qué sentirse culpable?

Aprender a perdonarse a uno mismo es utilizar mucho mejor el tiempo.

Finalmente, ten cuidado respecto a tratar de arreglártelas solo.

Esa situación puede que haga emerger viejas pautas y pensamientos que pueden volver a dar vueltas y vueltas en tu mente.

III Conciencia espiritual

Cuando estas señales te pongan sobre aviso acerca de la necesidad de perdonarte a ti mismo, el siguiente paso es comprender qué hay que hacer.

En el primer nivel práctico de perdonarse a uno mismo, se

trata de utilizar tu formación espiritual para descubrir nuevas formas de encarar la situación.

Inyectar tu espiritualidad en el error provoca frescura. Te ofrece un medio de asir el presente, que te permite soltar el pasado.

Existe un entusiasmo nuevo por hacer las cosas de la manera adecuada.

El pensamiento es: "Muy bien, se ha acabado. Voy a continuar adelante".

Esta actitud despierta esperanza en el alma y sentimientos de interés renovado por la tarea de autotransformación.

IV Hacerlo bien

Si el problema es el sentimiento de culpa, lo que necesitas es implicarte en cosas mejores.

Una vez que te hayas dado cuenta del error, ya no necesitarás seguir castigándote.

En lugar de eso, si te implicas en buenas acciones, no sólo desaparecerá el error, sino que además será sustituido por una programación interior más elevada y sincera.

Es como grabar una cinta de cassette.

Si has grabado algo con mala calidad y se oye mal, no perderás el tiempo quejándote, sino que sencillamente volverás a grabar encima del error.

De la misma manera, en lugar de perder el sueño pensando

en lo mal que lo has hecho, ponte a hacer algo bien.

Eso es lo que te permitirá poner el pasado en su sitio de una vez por todas.

V Influencias positivas

Si hay viejos asuntos que emergen y existe un flujo de pensamientos no deseados acerca del pasado, el siguiente paso es situarse bajo alguna influencia positiva.

¡Permanece en buena compañía!

La compañía de quienes rezuman vibraciones de paz puede ser una influencia muy efectiva. Al menos ten un poco de compasión contigo mismo.

VI El esfuerzo sutil

En el segundo nivel de perdonarse a uno mismo, el esfuerzo es más sutil, más interno. En este nivel los errores se encaran desde dentro.

Si el error consiste en formas de hablar o actitudes que se repiten de manera constante —en otras palabras, que no hay transformación—, y te das cuenta de ello, debes comprender que todavía no has realizado un auténtico trabajo interior para hacerte cargo de la raíz del problema.

Puedes tratar de defenderte, diciendo: "Soy así; ese es mi tono normal de voz; así es como siempre lo hago, etc."

Sin embargo, lo cierto es que el error se ha convertido en un hábito, ahora forma parte de tu manera de hablar y comportarte.

Te darás cuenta de que no puedes cambiar aunque quieras.

VII Cambio de actitud

Para que acabar con cualquier problema y su más mínima señal es necesario un cambio de total de actitud.

Mientras no cambie tu actitud hacia el problema, éste continuará manifestándose una y otra vez, impregnando tus pensamientos, palabras y comportamiento, es decir todo.

VIII Inspeccionarse uno mismo

Lo que necesitas es cultivar el hábito de inspeccionarte a ti mismo más profundamente. Penetra en ese estado introspectivo donde reside la dignidad de tu divinidad original.

Inspecciónate a ti mismo frente a la más elevada y más íntima verdad.

Se trata de un tipo de inspección muy sutil que por sí misma realiza todo el trabajo.

IX Auténtico cambio

Este es un secreto maravilloso, apúntalo bien. Empezar a pensar: "Bueno, ahora tengo que olvidar, tengo que perdonar", etc., es un proceso muy complicado y una pérdida de tiempo. ¡Tampoco resulta demasiado efectivo!

No obstante, al utilizar el método sutil de confrontarte con tu verdad más elevada y dejar que el poder de la autorrealización trabaje para ti, advertirás que tu papel en la vida cambia.

El papel de ser alguien que comete errores dejará de existir.

Y verás cómo se acerca hacia ti, el papel de vivir tu perfecto ser.

Empezarás a encaminarte hacia ese estado más estable.

Y en ese momento tus características originales y divinas —pureza, paz, amor y gozo— vuelven a empezar a trabajar para ti.

Esos rasgos personales de divinidad que se encuentran en tu interior son de gran ayuda en el proceso de transformación.

¡Sácalos a la superficie! ¡Utilízalos! Trabajarán de forma automática para eliminar todo el resto de rasgos vanos.

Y lo que creías imposible se hará posible.

Tu proceso de transformación se convierte en algo real y empiezas a cambiar. De verdad.

¿Cómo puedo protegerme a mí mismo de la negatividad de los demás?

No es difícil protegerse uno mismo de las tendencias negativas de los demás.

La práctica regular del yoga —una que te sumerja profundamente en tu identidad espiritual— te permitirá finalmente disociarte del todo de tal negatividad.

I La defensa espiritual

Funciona de la siguiente manera: una buena experiencia de tu identidad espiritual te vuelve a poner en contacto con tu paz interior.

Cuanto más la experimentas —y expresas— más fuerza adquieres, hasta que, finalmente, se convierte en una defensa frente a las reacciones negativas que pudieran afectarte.

La capacidad de separarte de la negatividad que te rodea, y de la que hay en tu interior, se conoce con el nombre de desapego.

Es el principio que permite permanecer fiel a los propios valores a pesar del humor de los demás.

También es el principio para crear una atmósfera llena de tu propia paz y amor, que, a su vez, es la forma más maravillosa de servicio espiritual.

II Servir a través de las vibraciones

A las almas se las sirve a través de las vibraciones de paz y amor, por lo tanto nunca debes dejar de ofrecer esa forma de apoyo.

El arte sutil de servir a través de tus vibraciones es la clave para recibir el amor y la ayuda sutiles que te llegan de Dios.

Si dejas de ofrecer ese tipo de servicio, también cesará el flujo de Dios hacia ti.

Cuan seco y vacío se siente el corazón cuando se rompe ese vínculo sutil con el Supremo.

III Paciencia

En realidad, sólo cuando permites ese vacío te haces vulnerable a los humores de los demás.

¿Cómo si no podrían afectar más las vibraciones de otra persona que las de Dios? Manténte firme y procede con fe y paciencia.

Al final, todos acabarán dándose cuenta de la ayuda que les llega a través de ti.

¿Cómo puedo aumentar mi equilibrio emocional?

En primer lugar, vamos a comprender qué son las emociones.

Las emociones son una expresión superficial de los sentimientos. Los sentimientos son más profundos.

La calidad de tus sentimientos será la de tus emociones.

En el interior de tu ser se encuentran innatos y puros los sentimientos de amor y paz. Cuanto más los actives, menos lugar quedará para que manifiesten las emociones de negatividad habituales.

La manera más fácil de activar esos sentimientos innatos es comprender y explorar tu identidad espiritual.

I Introspección

Una buena manera de explorar tu identidad espiritual es desarrollar la virtud de la introspección.

Introspección significa desear ser bueno y esforzarse por conseguirlo.

(Extroversión significa desear que otros piensen que eres bueno y esforzarte porque así sea.)

La introspección finalmente te permitirá ver tu auténtico ser en el espejo de tu corazón.

II La identidad espiritual

Para conducirte a un estado de cólera, depresión o confusión general, basta el viejo hábito de pensar demasiado.

Para conducirte a un estado de equilibrio interior y calma, se necesita algo diferente, algo como valor y paz.

También está bien mucho amor hacia Dios.

No obstante, comprender el ser, tener una buena relación con

Dios y ser capaz de disfrutar de una buena comunicación con los demás, es fácil en realidad.

Sólo hay que mantenerse en contacto con ese núcleo de sentimientos puros —tu divinidad— que es el fundamento de tu identidad espiritual. Eso refresca el cerebro y mantiene limpio y sincero el corazón.

No es necesario meterse todo tipo de cosas en la cabeza. Todo lo que se necesita es una cabeza equilibrada y un corazón sincero.

Una vez liberado el corazón de emociones descontroladas, tu auténtica naturaleza de divinidad empezará por fin a hacerse sentir. Empezará a ejercer su influencia.

Y tú, el auténtico tú, serás libre.

¿Cómo puedo saber cuándo el amor es real? ¿Cuándo puedo confiar en el amor?

Para empezar, vamos a asegurarnos de que comprendemos el significado de la palabra "confiar".

La confianza está conformada por otras muchas cualidades, como amor y respeto. Por ejemplo: si sientes que alguien te respeta de verdad, te sentirás más inclinado a confiar en su amor.

También es cierto que la confianza es cuestión de corazón más que de cabeza. Es el resultado de un sentimiento que te llega de los demás, de su actitud y/o de sus vibraciones.

I La auténtica pregunta

No obstante, la auténtica pregunta acerca del amor no trata de confiar en los demás, si no de ¿cómo pueden ellos confiar en el amor que les llega de ti?

¿Hasta qué extremo mereces su confianza?

Esto es importante, porque en ser digno de la confianza de otro radica mucho poder. Si cuentas con ese poder, no tienes que preocuparte por si el amor que te llega es verdadero o no.

Este poder transforma todo amor —por artificial o falso que pueda ser— en algo hermoso, puro y auténtico.

En realidad, así es como funciona en nosotros el amor de Dios.

Nosotros sólo disponemos de amor humano y superficial. Sin embargo, Su amor puro lo transforma, colmando nuestros corazones y transformando nuestros deseos.

II Ganarse la confianza

Para ganarse la confianza de los demás, necesitas limpiarte interiormente por completo. Eso significa convertirse en alguien totalmente desinteresado y sincero.

El amor de un corazón limpio es desinteresado.

No pide de nada a cambio. Fluye de manera natural, como las cascadas tras la lluvia.

En un estado así, "dar" no es algo que se haga como un favor, sino como una forma de ser, o una manera de cuidar de uno mismo.

No existe el sentimiento de haber dado demasiado, o de no haber recibido lo suficiente, o de no haber sido suficientemente apreciado.

III El amor de Dios

Cuando estás limpio en tu interior, resulta fácil tomar el amor de Dios. Este amor no es nada físico.

Se trata de una experiencia sutil que recibes a través de tu cuerpo espiritual e inmaterial.

Como es una auténtica y pura vibración de amor, confías en ella de inmediato.

Nadie debería inculcarte la fe en el amor de Dios. Confías en él por tu propia experiencia.

IV Barreras al amor

Si en tu corazón hay algo que no es limpio o verdadero, al final empezará a actuar como un muro, obstruyendo el flujo natural del amor.

Las personas que afirman que en su vida no hay amor, viven bloqueadas por ese muro.

En realidad, sí hay amor, lo que ocurre es que no pueden aceptarlo.

El ego es el ejemplo más claro.

El ego limita el flujo del amor al poner condiciones al amor que das y recibes.

El ego utiliza el amor para sus propias necesidades y deseos. Produce un amor que es engañoso y que sólo proporciona satisfacción temporal.

El ego no te permite experimentar ni compartir el verdadero amor.

De hecho, el ego es incluso capaz de destruir tu capacidad de sentir amor.

V Amor verdadero

En la actualidad el problema es que el amor se interpreta groseramente. Como el que se siente atraído por el tamaño y el brillo de un diamante falso, estas personas se sienten influidas por una idea del amor falsa y superficial. Ambos carecen de valor.

El diamante auténtico suele ser bastante pequeño, pero sin fisuras. Ahí es donde radica su valor.

El auténtico amor es como un diamante diminuto: no es llamativo, carece de fisuras.

El auténtico amor es cien por cien puro. No hay nada artificial en él.

Es limpio.

En el auténtico amor no existen los motivos ulteriores.

VI Más sobre el auténtico amor

Cuando era joven, me gustaba observar las cascadas de agua. Cuando empezaba a llover, el agua de las cascadas también empezaba a fluir.

Cuando la lluvia toca el suelo, éste se convierte en barro, mientras que el agua que permanece en la cascada, continua completamente limpia.

Es tan pura que incluso puedes beberla. Nadie ni nada ha tocado ese agua.

Lo mismo sucede con el amor puro.

Cuanto más despiertes la verdad que hay en ti, mejor podrás reconocer —y aceptar— el amor puro que como agua clara te llega de Dios.

Al llenarte con este amor puro y espiritual, los demás serán capaces de verlo.

Y también podrán confiar en él y sentirlo como verdadero.

¿Cómo puedo mantener buenas relaciones con los demás?

Para empezar, evita pensar que no puedes llevarte bien con alguien por su personalidad.

La humildad y el auténtico deseo de querer aprender son muy eficaces a la hora de crear armonía (¡justamente todo lo contrario de creer que tú estás ahí para enseñarles!).

Cuanta más espiritualidad exista en tus relaciones, más fácil te resultará tener buenas y constantes interacciones.

Tener conciencia de tu propia identidad espiritual llena tu carácter de belleza y espiritualidad, sobre los que se levantan el buen humor, los buenos sentimientos hacia ti mismo y propician que a tu alrededor crezca un buen ambiente y buenas vibraciones.

I Amor propio

El amor propio es esencial para las buenas relaciones.

Se desarrolla al cultivar una conciencia espiritual de ti mismo y elevar tu pensamiento a un estado en el que pueda sintonizar con Dios.

Es fácil permanecer en un estado de amor propio cuando se pasa mucho tiempo así, arriba, con Dios.

El amor propio no se desarrolla descendiendo, una y otra vez, de tu estado divino de dignidad interior, para reaccionar ante fuerzas negativas (externas o internas).

Ten mucho cuidado a la hora de sentirte afectado o influido por algo. Si te sientes afectado continuamente, significa que tienes alguna debilidad.

Significa que continúas buscando apoyo en algo externo al ser.

Ese no es un aspecto del amor propio. No es sincero respecto a tu dignidad inherente.

La dignidad inherente de cada persona se basa en la propia soberanía, que es el auténtico fundamento para la armonía en las relaciones.

II Armonizar personalidades

Armonizar nuestras personalidades es el mayor desafío al que nos enfrentamos.

Las tres cualidades que nos permiten vencer dicho desafío son: amor, compasión y perdón.

Lo primero y más importante para nuestro propio ser.

Sé compasivo y perdónate a ti mismo. Y lleno de amor, olvida el pasado y sigue avanzando.

Entonces serás capaz de tener auténticos sentimientos de compasión y amor por los demás.

Esta es la manera de ayudar de verdad.

III Ayudar a los demás

La auténtica ayuda no significa simpatizar con el sufrimiento de los demás hasta el extremo de perder la propia felicidad.

Ten cuidado al respecto.

Nuestro deber es mantener un estado interior saludable constante, para que sea cual sea el estado de los que nos rodean, nuestra influencia sea la más fuerte y la que les conduzca a la felicidad.

IV La ayuda de Dios

Hace falta tener valor para perdonar, amar y ser compasivo.

Con sólo darte cuenta de que esa es tu responsabilidad, invocas la ayuda de Dios.

Como Dios, llamado "El que elimina la aflicción, está contigo", la aflicción de los demás será fácilmente eliminada.

El que otorga paz y felicidad es tu Padre.

Es Su poder el que elimina la aflicción y otorga felicidad. Esas cualidades de Dios alcanzarán a los demás a través de ti.

Este es el esfuerzo continuo de alguien con un corazón sincero. Eso te convierte en auténtico instrumento de la obra de Dios.

¿Cómo puedo ser sincero en las relaciones?

En primer lugar, tenemos que comprender a qué se parece la sinceridad en las relaciones.

Se parece al amor.

Así que nunca dejes de dar amor. Cualquier otra cosa es perfidia.

Ser honesto significa no abandonar una relación; significa no separarse sólo por choques de personalidad.

Resolver los problemas abandonando, es engañarse uno mismo. La misma dificultad se manifestará con otra persona y en otra situación.

El esfuerzo más sublime para ser sincero en las relaciones es transformar cualquier debilidad. Es un arte que cualquiera puede aprender.

¡Sólo hay que querer hacerlo!

Espiritualidad en la vida cotidiana

Dios

2

Dios

¿Cuál es la personalidad de Dios?

Me gustaría compartir contigo mi experiencia de Dios como una extraordinaria, amante y única personalidad.

Digo única porque ningún ser humano puede tener una personalidad como la de Dios, por muy sabio o santo que pueda ser.

Nadie puede conocer y seguir, hasta el extremo de Dios, todas las leyes del universo, y no obstante ser tan cariñoso.

Nadie es capaz de tal compasión, indulgencia y amor.

Nadie puede comprender, como comprende Dios, las dificultades en las que nos encontramos los humanos en el mundo de hoy.

Y tampoco nadie puede protegernos de ellas como Él.

I La luz de Dios

En algunas tradiciones se dice que Dios es tan luminoso como mil soles. Se da importancia a la claridad de esa luz. Algunas interpretaciones incluso pueden hacer que temas su intensidad.

Sin embargo, no se trata de que la luz de Dios resulte literalmente aterradora. Lo que ocurre es que es única y por eso te sobrecoge

Hay tanto poder en los rayos de esa luz. Tanta como para destruir toda la negatividad del planeta.

Sólo la hermosa luz de Dios puede disipar nuestra oscuridad.

II Iluminación

Pero, de hecho, ¿significa eso que Dios es luz?

Significa reconocer que Dios aporta luz . . . como "iluminación".

Significa que reconocer a Dios es reconocer tu propio ser más elevado.

Significa que cuanto más conoces a Dios, más negatividad eliminas del alma. Ese es otro aspecto de la singularidad absoluta de Dios. Por muy degenerados que lleguemos a ser, el amor y la luz de Dios nos salva.

Sólo necesitamos alzar la vista y mirarle.

III Lo eterno

Cuando una persona mira a otra ve su aspecto externo: cómo viste, qué aspecto tiene, etc. No obstante, no hay que fijarse en la apariencia externa, en lo físico.

Mis ojos ven el alma, el ser espiritual.

El cuerpo físico es perecedero, como todas las relaciones entre los seres humanos. No van a estar ahí siempre.

Así que desde hace mucho tiempo he enseñado a mis ojos ha buscar el Uno, que es eterno.

Cuando existe ese deseo profundo de experimentar lo eterno, y aunque los ojos continúen percibiendo lo físico, no se distraen.

Los oídos oyen lo que sucede en el mundo pero ya no les atrae o afecta.

Necesitas ser capaz de apartar el intelecto de las distracciones externas y centrarte exclusivamente en Dios.

Entonces serás capaz de percibir esa Luz.

Y la Luz entrará en tu vida.

¿Cuál es la experiencia de Dadi sobre el amor de Dios?

Mi deseo más profundo es que todos puedan llegar a conocer el amor de Dios.

En una o dos ocasiones mientras meditaba he tenido la maravillosa experiencia de ver el corazón de Dios.

¡El corazón de Dios es tan grande, tan generoso! Cualquiera que lo alcance parece disolverse en él.

Está abierto de par en par, esperándonos.

I Dios como Madre

Alguien me preguntó en una ocasión si pensar en Dios como en la Madre estaba bien.

Esta es una experiencia que me gustaría compartir de todo corazón.

Dios es indudablemente nuestra Madre.

De hecho, ante todo, Dios es nuestra Madre, y sólo después nuestro Padre.

Esta experiencia conlleva mucha felicidad.

Cuando conocemos a Dios como nuestra Madre surgen muchos sentimientos de aceptación.

Nuestros errores desaparecen . . . con amor.

No hay preguntas . . .

II Amor

¿Quién puede ser absorbido por el corazón de Dios? Sólo quienes poseen un corazón como el suyo: sin falsedades, sin negatividad . . .

Para esas almas, Dios dispone de mucho amor. Es como si estuviesen guardadas en un rincón especial de Su corazón.

Dios está muy apegado a nosotros. Nos enseña que debemos liberarnos de los apegos, pero Él siente mucho apego por nosotros.

Es tanto el amor de Dios que llega hasta nosotros que, en comparación, las madres y los padres físicos no saben cómo amar a sus hijos . . .

III Un dosel de protección

Me siento tan bien cuidada por Dios que mi único deseo es que todo el mundo pueda tener también esta experiencia.

El amor de Dios te libera de todas las preocupaciones e inquietudes. Después de todo, ¿qué puede preocuparte cuando es el mismo Dios quien cuida de ti?

Así que mi más puro deseo es que vosotros deberíais experimentar ese amor y esos sentimientos, porque muchos de vosotros sois inocentes y vulnerables.

¡Os dais por vencidos con mucha facilidad!

¿Sabías que Dios posee una sombrilla muy hermosa y especial, abierta y preparada para cobijar a todos sus hijos? ¿Cuál es esa sombrilla? Es Su dosel de protección.

Asentarse en el corazón de Dios significa morar bajo ese dosel.

Mi más profundo deseo es que todos experimenten el hermoso corazón de Dios de ese modo.

El dosel de la protección de Dios es este amor.

¿Cuál es el papel de la fe?

Cuando decidí dedicar mi vida a Dios y adoptar una manera de vivir en consonancia, la gente se rió de mí.

En la India de aquella época a las mujeres no les estaba permitido hacer esas cosas.

Así que la gente se rió y dijo: "Veremos cómo se las arregla. Veremos cuánto dura. Debe haberse vuelto loca . . ."

En aquellos días tenía diecinueve años, y recuerdo haber dicho: "Dios, sea lo que sea lo que me suceda, voy a ser una hija verdadera y digna".

"Aunque el mundo entero esté a un lado y sólo yo al otro, voy a ser Tuya".

Y pude sentir la respuesta de Dios: "No tiene a nadie, así que me tiene a Mí".

A lo que yo respondí: "Sí. No tengo a nadie. Excepto a Ti".

I Fe

Mi experiencia es que conversaciones dulces como ésa mantienen a Dios muy cerca de ti. Aunque Dios sea muy elevado y Sus cualidades y virtudes, las más elevadas de todas, sigues siendo Su hijo.

Eres Su hijo. Él es tu Padre. Os pertenecéis.

Por lo tanto, ¿cómo no va a ser posible conocerle tal y como es?

II Conocer

Antes, al rezar a Dios, solía decir: "Muy bien, Dios, dime una cosa: ¿vas a venir a mí?, ¿o seré yo quien vaya hacia Ti?"

¡Era muy testaruda!

También solía creer que Le reconocería al llegar. Estaba segura de que sabría cuándo aparecería.

Imaginaba que alguna parte de mí empezaría a hablar, diciendo: "Sí, ahora he encontrado lo que buscaba . . ."

Cuando finalmente llegó ese día, el día que tanto había anhelado, esa fue exactamente la experiencia que tuve.

Ese fue exactamente el sonido y el sentimiento que emergió de lo más profundo de mí.

III El camino que compartimos

La voz de la fe es muy necesaria en todo esto.

Si mantienes tu fe y cumples con el resto de tus asuntos, estás acelerando el momento en que Dios se te revelará.

Si el impulso de tu deseo es intenso, Dios puede llegar a ti aquí y ahora. Sé por mi propia experiencia que ese momento llega cuando existe un anhelo profundo de experimentar a Dios.

Ni siquiera es cuestión de quién llega a quién. Es lo absoluto de la experiencia.

Sea cual fuere la diferencia entre nuestras tradiciones, sé que lo único que hay en nuestro interior es un profundo anhelo de experimentar a Dios.

Ese profundo deseo es, en sí mismo, el camino hacia Dios. Ese es el camino que todos compartimos.

IV Es lo mismo

Lo que falta en las vidas de todos nosotros es lo mismo.

La aflicción y la felicidad de todos nosotros, sin importar la casta, el credo o el color, son las mismas.

Lo que buscamos es, por lo tanto, lo mismo.

V Los frutos de nuestra labor

En un cierto momento de nuestra búsqueda, tras haber estudiado todas las escrituras, sin haber llegado a experimentar todavía ningún encuentro personal con Dios, nos volvemos finalmente hacia Dios y decimos:

"Muy bien, Dios. Ahora te tienes que revelar a mí. *Tú* debes mostrar*me* Tu camino".

Y Dios dice: "Olvida todo lo que sabes de este mundo".

Y entonces empieza a emerger el dulce fruto de la búsqueda y la fe. La búsqueda llega a su fin. Y también la desesperación.

Y decimos: "Gracias, Dios. Esto es lo que quería. No quería nada más . . .

Excepto que en mis ojos aparezca Tu luz.

Y que esa luz muestre a los demás el camino hacia Ti".

¿Cómo puede la mente estar unida a Dios?

Para empezar, ha que entender que la mente no es la única facultad del alma.

La *buddhi* es otra facultad, que traducida, puede traducirse, aproximadamente, como el intelecto, pero no el del estudio intelectual, sino esa parte de ti que es capaz de discernir entre el bien y el mal.

I Yoga

El intelecto es el responsable de dar forma a la unión con Dios. Sin embargo, no podrá hacerlo si la mente no le deja.

Dicho de otra forma: la mente debe pacificarse primero y cooperar.

Para que el alma esté vinculada a Dios, el intelecto y el alma tienen que trabajar juntos.

Sólo cuando existe armonía entre ellos puede darse el vínculo con Dios.

En realidad, eso es lo que llamamos yoga.

II Dificultades

Una de las razones por lo que en ocasiones resulta difícil alcanzar el yoga (o unión con Dios), es porque el intelecto, por debilidad o pereza, no quiere realizar el esfuerzo necesario para crear ese vínculo.

En otras ocasiones, el intelecto el que desea realizar esa unión, pero la mente comete muchas travesuras, piensa y se preocupa de tantas cosas que el intelecto no es capaz de lograr la tranquilidad que le permite alcanzar la unión.

III La solución

La solución es concentrarse en el intelecto.

Porque cuando el intelecto es fuerte y sano actúa como una madre para con la mente. Es capaz de mantenerla bajo control.

El intelecto se hace fuerte y sano cuando recibe un suministro continuo del adecuado estudio espiritual. Eso es lo que lo convierte en divino.

Un intelecto maduro y divino será capaz de mantener la mente —al niño— bajo control.

De hecho, un intelecto saludable puede incluso conseguir que la mente se vuelva hacia Dios.

Cuando la mente y el intelecto aprenden a trabajar juntos, la conexión con Dios puede resultar muy fácil.

¿Cuál es la influencia de Dios sobre nuestros pensamientos?

Hay mucha luz procedente de Dios; una luz que no es de naturaleza física.

Es una luz espiritual, como "iluminación".

Alcanza nuestro intelecto, abriendo la cerradura de nuestra conciencia. Y devenimos receptivos a todos los poderes de Dios, como el amor y la paz.

Esos poderes vuelven a llenar el alma. Y sentimos que hemos encontrado un don precioso que habíamos perdido.

I Comprensión

Esa influencia divina sobre el intelecto restaura la comprensión y el amor en el alma. Es como si se abriese por completo una puerta hacia la comprensión.

Seguramente, de ahí proviene Su título de "Intelecto del Sabio", tal y como aparece en algunas de las escrituras sagradas.

II Descubrimiento

¿Puedes apreciar la diferencia de los estados mentales, antes y después de que esa luz alcance tu ser?

El amor se ha hecho tan difícil.

Existen dificultades con el amor en todos los sentidos: hacia el propio ser y en relación con los demás.

Y entonces Su amor nos alcanza, haciendo que el alma florezca.

Y empezamos a comprender cuánto echábamos de menos ese amor.

La sensación es: "He hallado lo que buscaba . . .

. . . el Uno al que pertenezco, eternamente".

Nuestro pensamiento cambia por completo. Y también nosotros.

¿Cuál es la experiencia de Dadi sobre el encuentro con Dios?

Normalmente, cuando una persona muere, los amigos y familiares sienten que el ser amado se ha ido, y que el cuerpo ha sido abandonado.

En la experiencia de ser con Dios, el alma no abandona el

cuerpo, sin embargo, la sensación, es de haber dejado todo atrás.

La sensación es que el cuerpo está aquí, el mundo está aquí, pero yo estoy sentado con Dios y sólo con Dios.

Nada te distrae. Sólo estás con Dios. Eso es todo.

Estás en el cuerpo, pero no atrapado por él.

Esa es otra manera de decir que ya no estás atado a necesidades y apoyos superficiales.

Te sientes libre. Y lo eres.

3

El mundo

¿Cuál es la visión de Dadi sobre la paz en el mundo?

En la época en que diseñábamos nuestro Centro Internacional de Londres, el arquitecto me dijo: "¿Qué quiere que parezca? ¿Un templo? ¿Una iglesia? ¿Una mezquita?"

Yo le contesté: "Nada de eso".

Le dije que queríamos algo que no diese la impresión de pertenecer a una religión en particular, si no de que pertenecía a todo el mundo.

Queríamos quien viniese se sintiese como en casa.

I El desafío

Al haber viajado por todo el mundo he visto que el deseo más profundo que anida en los corazones humanos es que haya unidad.

Los habitantes del mundo quieren unidad.

¿Pero cómo puede lograrse? ¿Cómo es posible tener unidad en un mundo que, incluso en el seno de las familias, por no hablar de las comunidades, carece por completo de ella?

Es como si cada persona tuviese su propia manera de pensar. No se toleran las ideas del otro. Todo el mundo quiere hacer todo a su manera. La unidad parece un ideal inalcanzable.

II El poder de la verdad

No obstante, mi experiencia es que es muy fácil crear unidad, y hacer a los demás partícipes de ella.

Sólo necesitamos poner atención en un aspecto, en acumular el poder de la verdad.

Porque sólo el poder de la verdad puede destruir al enemigo número uno de la unidad, el ego.

Cuando se destierra al ego, resulta muy fácil crear una atmósfera de armonía.

Esta el la grandeza de la verdad: la capacidad de unirse con amor y aceptar con amor las ideas de los demás.

III Cooperación

Cada dedo de la mano es diferente. Cada uno de ellos es único y, sin embargo, sólo cuando trabajan los cinco juntos logramos hacer algo con la mano.

Cada dedo tiene una capacidad especial, pero la combinación de especialidades crea una fuerza mayor.

Si faltase aunque sólo fuese uno, la tarea no podría llevarse a cabo con la misma facilidad.

Cada dedo es único, y tienen un cometido especial. Sin embargo, el éxito es el resultado de la armonía y cooperación entre todos ellos.

IV La ayuda de Dios

Ve al fondo de la verdad. Comprende lo que es la verdad. Cuando el corazón rebosa de verdad, todo lo demás desaparece.

A partir de entonces no se necesita criticar. No se necesita competir de manera sucia. Sólo existen sentimientos buenos y limpios.

Cuando vemos las capacidades y especialidades de los demás y nos reunimos en una visión de unidad y cooperación, Dios también se complace.

"El Señor se complace con un corazón auténtico", se dice en la India, y es cierto. Dios no nos pide nada más. Todo lo que quiere es nuestro auténtico corazón.

Si el Señor está complacido, el éxito está garantizado.

El deseo que anida en todos los corazones es que la tarea de transformación del mundo sea un éxito.

Cuando nuestros auténticos corazones sean presentados ante Dios, Él obrará a través nuestro y todo se logrará.

¿Cómo puedo superar sentimientos de desesperación?

En la actualidad se dice que en el mundo sólo hay corrupción y maldad. Pero ¿cómo hemos podido llegar a este estado?

¿Quién puede arreglarlo aparte de nosotros, los seres humanos?

Para contribuir de verdad al proceso de mejorar el mundo, necesitas desarrollar mucho poder interior, mucho poder personal.

Porque el camino de quien trata de hacer algo por el mundo estará siempre lleno de obstáculos.

No sólo no tendrás apoyo en esa labor, sino que además serán muchos los que tratarán de detenerte.

A menudo, sólo tu fe, coraje y sinceridad te permitirán seguir adelante.

I Fe

Cuando digo fe me refiero a la fe en que tu tarea no puede fracasar si eres honesto en tus acciones.

También me refiero a la fe en que tu honestidad y fuerza de convicción es el tipo de coraje que atrae la ayuda de Dios.

De esta manera, nunca estarás solo y puedes estar seguro de que recibirás el apoyo que necesites.

II Un corazón fuerte

También necesitas fortalecer el corazón. ¡Hacerlo irrompible!

Para ello se requiere sabiduría y coraje para no desanimarte, y capacidad para soportarlo.

Esas dos cualidades evitarán que te sientas herido, sobre todo por la sensación de falta de aprecio y reconocimiento por tus esfuerzos o contribución.

Es importante que te protejas porque los sentimientos heridos provocan mucha tristeza, y la tristeza de cualquier tipo minará el poder interior que hayas acumulado.

Antes de que te des cuenta, todo tu gozo y entusiasmo habrán desaparecido.

Un corazón fuerte que sabe cómo ser sabio te permite hacer frente a todo sin dificultad.

Recuerda siempre que la clave del éxito completo es un corazón honesto, generoso y limpio.

¿Cuál es el consejo de Dadi?

Cuando miras al mundo con los ojos físicos, ves todos los aspectos de nuestra diversidad: cultura, raza, personalidad y religión.

Si miras sólo con los ojos físicos, fácilmente te puedes mostrar obstinado y tratar de probar que tienes razón. Sin embargo, donde hay obstinación no hay amor. Y tratar de demostrar que se tiene razón también es ofensivo.

Un diamante resplandece incluso entre el polvo; no necesitas demostrar que tienes razón.

Frente a los peligros que provoca mirar sólo con los ojos físicos, siempre pienso: "Ahora es hora de ir más allá de cualquier división, más allá de todo lo que nos limita y limita nuestro sentido del ser".

Sea cual sea la raza, religión o clase: nuestra conciencia tiene que ir más allá de todo ello.

I Honesto y sincero en la obra de Dios

Así como mi preocupación es obedecer a Dios y ser honesta con la obra de Dios, mi consejo para todos es dejar que aparezca la obediencia a Dios.

Sea cual sea la religión a la que pertenezcas o la tradición que sigas, deja que exista un sentimiento de obediencia y el deseo de mostrarte honesto y sincero con la obra de Dios.

Aquél que es el Bienamado de todos es quien está frente a nosotros con los brazos abiertos, diciendo: "Rompe las barreras, construye puentes".

Las personas siempre retroceden ante las barreras. Se paran. Pero si hay un puente, cruzan. Siguen adelante.

Así que echad abajo las barreras. Y sed de los que nunca se detienen.

Esa es mi experiencia de más se setenta años. No podemos detener ni ser detenidos, porque esa es la obra de la verdad.

Con la ayuda del Padre Supremo, será cumplida.

Lo que ningún líder político, religioso o científico ha podido conseguir será logrado de una vez por todas.

Nuestro poder colectivo es la solución, frente a él nada puede resultar difícil.

II El poder de la conciencia

A menudo oigo decir: "Qué difícil es esto". Sin embargo, yo os digo: Eliminad la palabra "difícil" de vuestro vocabulario.

Los seres humanos pueden hacer lo que quieran. Es más, es fácil.

Somos nosotros, los seres humanos, los que hemos creado el mundo tal y como es en la actualidad, y por eso mismo el poder para cambiarlo está en nuestras manos.

Todo depende de nuestra conciencia. Todo depende de nuestros corazones.

Todos los corazones desean un mundo mejor. Sólo es cuestión de comprender cómo lograrlo.

III El estado interior de dignidad

El juicio acertado sobre lo que está bien y lo que necesitas hacer se basa en tu sistema de valores.

Sólo serás capaz de mantener la verdad en cualquier circunstancia si esta verdad se fundamenta en tus valores.

La capacidad de vivir según tus valores, de forma

inquebrantable, depende de lo bien que hayas comprendido tu verdadera identidad espiritual y de que hayas empezado a cultivar ese estado interior de dignidad.

Esa es la clave del poder espiritual, y es el poder que más se necesita en el mundo actual.

Todo ser humano está necesitado de poder espiritual. Y sólo Dios puede dispensarlo.

El poder espiritual procedente de Dios te alcanzará si revisas y practicas estos conceptos a diario:

. . . la conciencia de ser hijo de Dios, que te permite reivindicar tu divinidad;

. . . la conciencia de ser un estudiante, por la que necesitas aprender no sólo de Dios, sino también de los que te rodean;

. . . la conciencia de ser un ejemplo, es decir, de convertirte en un modelo de lo que quieres que aprendan los demás;

. . . y la conciencia de ser instrumento de Dios, que significa utilizar Sus cualidades en cada momento de tu vida.

Este es el método garantizado para llenarte a ti mismo, como individuo, de fuerza, de la fuerza espiritual que te llega de Dios.

Esto es lo que te permitirá comprender tu verdad más elevada y empezar a vivirla.

De esta manera, alcanzarás el nivel de fuerza y luz espiritual creadas por el poder del grupo.

❋

4

MEDITACIÓN

¿Qué es el "tercer ojo"?

En realidad, el concepto del tercer ojo se refiere a dos palabras bastante comunes: "yo" y "mío".

Esas dos palabras encierran mucha sabiduría, siempre que sepas cómo vivirlas en un sentido profundo.

I Conciencia del alma

Imagina, primero, lo que sería experimentar tu Ser en su forma más elevada: el alma, en su estado puro y original.

La meditación te traslada de una conciencia a otra, desde la limitada y mundana, denominada "conciencia corporal", a una más desarrollada y espiritual, la "conciencia del alma".

Básicamente, la conciencia corporal es un estado en el que has olvidado cuál es tu núcleo interior de divinidad.

En la conciencia del alma, ésta se siente distinta del cuerpo.

Mora en él, pero no forma parte de él.

El alma también se siente totalmente separada de cualquier negatividad acumulada en su interior después de haber permanecido en un estado de conciencia corporal durante un largo tiempo.

Permanecer en la conciencia del alma significa estar en la experiencia de tu estado original de divinidad. El alma se siente ligera, iluminada . . . ¡libre!

En ese estado, el alma dice con convicción: "Soy la forma de la paz, el amor, el poder y el gozo".

Cuando esta experiencia empieza a impregnar la imagen que tienes de ti mismo, nunca volverás a decir:

"Me siento afligido, estoy furioso, soy desgraciado".

¿Por qué?

Porque el sentido de esa palabra, "yo", cambia por completo.

II ¿Quién soy yo?

Siempre que utilizo la palabra "yo", sé exactamente de quién hablo.

Yo, el alma, soy un hermoso y dulce punto de pura luz.

Tú también puedes tener la misma experiencia.

Existe una diferencia entre esta experiencia de la conciencia del alma acerca de ti mismo, y la mundana, basada en la conciencia corporal.

Yo, el alma eterna, un hermoso punto de luz resplandeciente, soy. Cuando el alma vuelve a hacerse consciente de "quién soy yo", hay algo más que cambia, y es la conciencia de "lo que es mío". Existen tres aspectos relativos a esta cuestión.

III Lo que es mío

El primero es que desde el punto de vista de la eternidad (que es la perspectiva del alma), no hay nada que pueda ser "mío" en realidad. De hecho, las personas que creo que me pertenecen no son mías. No pueden serlo.

También son almas, en cuerpos, que interpretan sus papeles, como los actores sobre un escenario. Al final todas perderán sus cuerpos y pasarán a interpretar papeles diferentes.

El segundo aspecto trata acerca de las posesiones. Desde el punto de vista eterno, todas las posesiones materiales son perecederas. Por lo tanto, cualquier logro material es ilusorio, es decir, temporal.

El tercer aspecto es más sutil, y concierne a tu cuerpo. El cuerpo, como está hecho de materia, también puede considerarse una posesión material.

Aunque es cierto que, en tanto que materia, nunca será una posesión permanente, sin embargo, vale la pena considerarlo de la misma manera que consideramos el resto de las posesiones.

¿Vale la pena considerar al cuerpo como "mi cuerpo", como cuando decimos: "Este es mi cuerpo"? ¿Por qué?

Por que refuerza la verdad.

La verdad no es: "Soy un cuerpo y tengo un alma", sino: "Soy un alma y aquí está mi cuerpo. El cuerpo es *mío*".

Es algo que yo poseo; o al menos que uso de prestado.

La cuestión es que el cuerpo es una posesión; no soy yo.

IV El tercer ojo

Comprender y experimentar estos verdaderos "yo" y "mío" es la base de la espiritualidad. También se llama usar el tercer ojo.

A través de ese ojo/yo puedes ver tu auténtico Ser original.

A través de los ojos físicos nunca podrás ver ese Ser. A través de los ojos físicos puedes ver los cuerpos de los demás, el mundo, el cielo, la tierra . . . todas esas cosas.

No obstante, a ti, el alma eterna, sólo la podrás ver si conoces tu Ser.

Así que el tercer ojo trata de la conciencia de "quién soy yo" y "lo que es mío".

En otros tiempos solíamos decir que nuestra escuela era un hospital de la vista y que invitábamos a la gente a venir a revisar su ojo (refiriéndose al yo).

Así que la gente vendría y abriría su tercer ojo de una sentada.

En otras palabras: podrían comprender y sentir ese estado puro y original del alma.

Hace falta mucho tiempo para realizar una operación de la vista física, pero las operaciones de la vista espiritual tienen éxito en poco tiempo.

¡El ojo/yo se abre y puedes ver! ¡Sienta tan bien! ¡Estás vivo!

¿Cuál es la base de una buena educación espiritual?

En primer lugar, necesitas saber quién eres. Necesitas saber que eres un ser espiritual, diferente del cuerpo; que cuando decimos "alma", estamos hablando de algo totalmente separado del cuerpo.

I Soy un alma

Reconocerte a ti mismo como un alma te confiere una identidad espiritual.

Que necesita convertirse en la conciencia desde la que operas en tu vida cotidiana.

Eso es algo que hay que practicar y no almacenar en algún lugar del cerebro como si fuese un concepto intelectual. Los beneficios son muchos.

En primer lugar, tienes que ser capaz de empezar a serenar la mente; es decir, mantenerla tranquila. Eso permite a su vez que se desarrolle el poder espiritual interior.

El beneficio inherente consiste en que no sólo empiezas a ver tus problemas con claridad, sino que también contarás con la capacidad para superarlos.

La conciencia de tu identidad espiritual se desarrolla adiestrando la mente para que permanezca en todo momento en un estado de atención interior respecto a Dios.

Es un estado de silencio interior, un estado de paz y sustento al que la mente necesita regresar una y otra vez, sea cual sea la labor que esté realizando.

Es cuestión de mantener la mente libre de preocupaciones y ser capaz de mantener la atención interior, sin importar cuánta responsabilidad implica.

II El Uno

Lo segundo que necesitas saber es a quién perteneces.

Hay Uno que es Supremo; Uno que es Dios, Alá; Uno al que todos amamos.

Hay Uno en el que siempre tenemos puesta nuestra atención en épocas de dificultad . . .

Uno hacia el que señalamos con el dedo, y en la misma dirección, hacia arriba. Hay Uno que es Dios. Uno que nos beneficia a todos, que lo eleva todo.

Todos los fieles, todas las religiones pertenecen al mismo Uno, aceptan el mismo Uno.

Y recuerda que ese Uno no sólo nos libera de las equivocaciones del pasado, sino que también nos permite hacer lo que es correcto hoy.

III La ley del karma

El tercer aspecto que necesitas comprender es la profunda filosofía inherente en la acción; o, dicho de otra manera, la ley de causa y efecto.

También conocida como ley del "karma".

La ley del karma nos enseña a llevar a cabo sólo aquellas acciones que son elevadas, de manera que nuestra propia conciencia pueda estar de acuerdo con que las únicas acciones que realizamos son las correctas y las enseñadas por Dios.

¿Cuáles son esas acciones correctas?

Así como Dios elimina la aflicción y nos otorga felicidad a todos, nosotros podemos desarrollar esos mismos poderes para que podamos hacer lo mismo por los demás.

La no violencia es la forma más elevada de religión, y esta realización marca el principio del fin de la violencia.

Alcancemos esas alturas de manera que seamos verdaderamente capaces de eliminar la aflicción y el sufrimiento de los demás y concederles la paz.

Acabemos con cualquier pensamiento de violencia y odio, e incluso con cualquier pensamiento de aversión en nuestro corazón.

Puedo decir realmente que, a lo largo de toda mi vida, siempre he seguido esa instrucción de Dios.

Mi experiencia es que si tus sentimientos son de amor, devoción y fe en Dios, puedes estar seguro de que el resto está en manos de Dios.

¿Qué esfuerzos debo realizar en el camino espiritual?

El primer esfuerzo es ser sincero contigo mismo.

Porque, cuando existe sinceridad espiritual, es fácil recibir ayuda de Dios. Recibir la ayuda de Dios es el hermoso anhelo en estos tiempos.

Sin embargo, sólo un alma experimentada sabrá cuándo tomar la auténtica ayuda de Dios.

I Centrado y alineado

Tienes que saber cómo tomar Su mano y llevarla en el corazón y la cabeza.

Eso significa poner toda tu atención en la calidad de tus pensamientos y sentimientos, y refugiarte en tu identidad de un ser espiritual eterno.

Eso te colmará con las cualidades de tu divinidad original: paz, amor, gozo y fuerza.

Sentir la mano de Dios en tu cabeza y en tu corazón te permite permanecer totalmente centrado y alineado con tu ser más elevado.

Incluso en medio del caos absoluto —interno o externo— serás capaz de seguir siendo responsable de cada pensamiento, palabra y acción.

La capacidad para actuar desde un estado de conciencia tan elevado, incluso en situaciones difíciles, es la prueba de que estás realizando los esfuerzos correctos.

Culpar a los demás y considerarlos la causa de tu dolor y desgracia es falta de atención. Sólo te conducirá a descorazonarte.

Mantén el corazón y la mente claros, es decir, honestos.

Tus esfuerzos te reportarán auténticos éxitos.

¿Cómo puedo evaluar mi progreso?

Una buena medida de tu progreso es el grado que alcanza tu poder de concentración.

Eso significa tener la capacidad para estar completamente centrado en tu identidad espiritual, con exclusión de cualquier otra programación o condicionamiento.

Cuando más profundamente comprendas el proceso de la meditación y a ti mismo como ser espiritual, más capaz serás de empezar a mirar tu propio ser.

También serás capaz de romper con el hábito de pensar en los demás de manera innecesaria.

Eso permite aumentar el poder de concentración.

Es mucho lo que se recibe a través del poder de concentración.

Porque cultiva la fuerza interior que requiere el auténtico cambio; es el verdadero fundamento de la auténtica transformación.

I Relaciones felices

Para comprobar cuánto estás cambiando desde dentro, comprueba la calidad de tus relaciones con los demás.

¿Hasta qué punto han disminuido los vicios de cólera, codicia y apego? Primero disminuyen y luego desaparecen por completo.

La señal de que eso sucede es que empiezas a disfrutar de relaciones felices en lugar de que te atrapen, limiten o depriman.

En última instancia, te liberas de todo constreñimiento.

¿Por qué cuando medito suelo tener dolor de cabeza?

Muchas personas padecen dolor de cabeza cuando tratan de meditar, ¡aunque la meditación sea un método para eliminar todos los dolores de cabeza!

Si tu método de meditación es forzar tu mente a permanecer tranquila, cuando de hecho lo que quiere es correr, resulta obvio que se producirán tensiones en tu cabeza.

El mundo

Meditación

Los dolores de cabeza aparecen porque tratas de reprimir tu actividad mental. En lugar de eso, necesitas aprender cómo tranquilizar tus pensamientos con respeto.

Tienes que aprender a desviar tus pensamientos con dulzura hacia ese lugar de paz situado en el centro de tu ser más profundo. Y no habrá más dolores de cabeza.

No hay necesidad de tratar de controlar la mente por la fuerza. Todo lo que tienes que hacer es empezar a decirle a la mente cosas bonitas.

Háblale a tu mente.

Dile cosas buenas, dulces y positivas sobre la verdad eterna.

Esa es la manera de desviar los pensamientos y fortalecerla.

No es cuestión de controlarla o forzarla a no pensar.

Tampoco es cuestión de vaciarla de pensamientos.

La meditación es sólo una manera de enseñarle a pensar en las cosas correctas.

¿Cuál es el papel del cerebro en la meditación?

Este es un aspecto sutil, y para comprender la respuesta tienes que transformar tu cerebro en un cerebro sutil.

No se trata de escuchar simplemente. Tienes que pensar en ello, relacionarlo con tu propia experiencia y verificarlo respecto a los sentimientos que te provoca.

I El intelecto divino

Piensa en una ocasión en que estuvieses sentado en un estado de meditación muy puro y poderoso.

Si en ese estado surge un pensamiento puro y elevado —digamos, inesperadamente—, ¿qué es lo que sucede en realidad?

¿Se trata de que vuelven a la carga las maquinaciones normales del cerebro? No.

En ese momento, el cerebro, que sólo opera de acuerdo con los rasgos de tu vieja personalidad, ha sido apartado a un lado.

Y es el intelecto divino, otorgado por Dios, el que ha empezado a funcionar en su lugar.

Cultivar ese intelecto divino, en lugar del cerebro, es la tarea que emprendemos ahora.

Dejemos que el cerebro se tranquilice.

No utilices el cerebro, aunque reflexiones sobre la respuesta a esta pregunta.

Todo el mundo es muy inteligente a la hora de utilizar el cerebro, pero ahora debes enseñar al cerebro a permanecer quieto.

Ese fue uno de mis empeños desde el principio. Siempre me he asegurado de no utilizar mi cabeza, es decir, el cerebro, en demasía.

Se malgasta mucha energía al pensar demasiado.

Sólo permito que funcione mi intelecto divino, e incluso entonces, sólo en lo que resulta necesario para Dios.

II Ser "tocado" por Dios

Muchas situaciones cotidianas requieren reflexión.

Sin embargo, no por ello perderé el tiempo pensando en ellas.

¿Por qué? Pues porque Dios trabaja para "tocar" nuestros intelectos, y por eso la mente no puede permanecer atrapada en las garras de un montón de pensamientos.

Cuando la mente está limpia, es decir, cuando sólo existen pensamientos de buena voluntad hacia todo, el intelecto puede captar los "toques" de Dios.

Entonces emergerá lo que sea necesario, exactamente en el momento adecuado.

Lo único que hay hacer es sentarse en silencio y dejar que los "toques" penetren. No es cuestión de discutir sobre nada en tu cabeza, sino de dejarla sentarse contigo y sentirla.

Eso se consigue sin esfuerzo cuando en el corazón anida el deseo de hacer sólo lo que Dios quiere que hagas.

III Alimento espiritual

Mantén tu atención en el intelecto divino, no en el cerebro. Pensar sobre aquellos pensamientos que te distraen, no sirve para esta tarea.

Lo que sirve es la contemplación profunda de verdades espirituales eternas.

Eso es lo que alimenta al intelecto y, en definitiva, lo convierte en divino.

¿Cómo puedo aumentar la concentración al meditar?

Es cierto que mientras se está sentado en meditación surgen muchos pensamientos innecesarios y negativos.

También es verdad que necesitas liberarte de ellos.

Existe una relación entre tu estado mental general y la capacidad para concentrarte en la meditación. La clave es ser consciente de esa relación.

I La conexión

Los pensamientos que distraen durante la meditación suelen ser resultado de una falta de atención en tus pautas de pensamiento a lo largo del día.

Si no te encargas de tus pensamientos en tu vida cotidiana, se reproducirá la misma situación cuando te sientes a meditar.

El primer paso al meditar es alimentar la mente con pensamientos positivos sobre tu identidad divina y original.

Estos pensamientos son como una yesca que, al acumularse, te permiten prender una llama interior, fuerte y regular.

Si tus pensamientos a lo largo del día no reflejan una conciencia espiritual, no se acumulará ningún tipo de pensamientos puros.

Sentarse a meditar en ese estado es como tratar de prender fuego sin el material adecuado.

Hace falta mucho esfuerzo, y no existen muchas recompensas.

II Pensamientos negativos

Pensamientos negativos son los que provienen de vicios como el ego, la cólera, los celos, poner excusas, culpar a otros etcétera. Estos pensamientos son implacables a la hora de quebrar tu capacidad para concentrarte en la meditación.

Los pensamientos negativos son como arenas movedizas. Una vez empiezan, te atrapan más y más.

Resulta muy difícil salir de ese tipo de ciénaga. A los demás también les resulta difícil sacarte.

Pero debes salir a toda costa.

III Salvarse uno mismo

Un método para salvarte a ti mismo es pensar en cualquier buena experiencia de meditación que hayas tenido.

Manténlas frente a ti como si fuesen una cuerda a la que agarrarse tu mente.

Si no funciona —si no consigues que prenda la llama—, busca la compañía de alguien cuya llama resplandezca.

Pasar algún tiempo con alguien que disponga de dicha luz te ayudará a entrar en ella.

No te muestres arrogante y creas que no necesitas la ayuda de nadie.

Aprende a reconocer el peligro de permitir que en tu mente se acumulen pensamientos negativos. Cuando estás en ese estado mental, no estás en disposición de ayudarte.

Toma cualquier ayuda espiritual que sea sincera y precisa, y sal de ese estado.

De lo contrario, ¿cómo serás capaz de ayudar a los demás?

IV La raíz

La raíz de los pensamientos negativos es la falta de fe en ti mismo y en Dios.

La solución es llenarte de conciencia espiritual para que desaparezcan todos los pensamientos que te distraen, y cualquier perturbación que puedan causarte.

¿Cuántas horas al día hay que meditar?

Suelen preguntarme cuántas horas al día medito.

Mi respuesta es que sería mejor que me preguntasen cuántas horas al día no medito.

Sin embargo, eso no significa que siempre esté sentada en un estado meditativo, sin hacer nada.

Significa que mientras me relaciono con los demás y llevo a cabo mis deberes y responsabilidades, permanezco implicada en mantener constantemente ese vínculo con Dios.

Esté dónde esté, esté con quién esté o haga lo que haga.

La clave para mantener un vínculo constante es mantener tu sentido de la objetividad, hagas lo que hagas.

Eso significa que no te permites estar tan enfrascado o absorbido en algo que olvides tus principios y el propósito global.

Recordar esos aspectos te permite mantener el vínculo con Dios.

Te permite mantener a Dios hagas lo que hagas.

Ese vínculo es del todo necesario.

Así como el cuerpo físico deja de servir si el espíritu lo abandona, ¿de qué servirían mis actividades si yo, el espíritu, no permanezco unido a Dios?

Sólo cuando existe ese vínculo sientes que estás en compañía de Dios.

También tienes la sensación de que hagas lo que hagas, estás siendo inspirado por Dios.

En realidad, esa es una fórmula fácil para estar en el mundo y ser responsable, y sin embargo, permanecer despreocupado y alegre como un niño.

5

EL ARTE DE VIVIR

¿Cuál es el valor de la honestidad en el mundo actual?
¿Cómo puedo desarrollarla?

En primer lugar, vamos a comprender lo que significa honestidad.

Ser honesto significa ser auténtico. También significa ser fiel y digno de confianza.

Cuanto más experimentes esta cualidad más aumentará tu sentido de lo que vale.

I Autoevaluación

¿Te consideras honesto?

Una manera de evaluarlo es valorar de cuánto coraje dispones para hablar con Dios.

Si no eres auténtico y honesto, ¿qué podrías decir?

Así que adelante. ¡Hazlo!

Ahora mismo, en un minuto; ve y dile algo a Dios.

¿Lo has hecho? ¿Le dijiste algo? ¿Qué le dijiste?

¿Le pediste algo?

Si tu corazón es honesto y auténtico, disminuye enormemente la necesidad de pedirle algo a Dios.

Después de todo, ¿no es Dios el que mejor nos conoce? ¿A caso no iba a saber Él lo que necesitamos, incluso antes de pedírselo?

Un corazón honesto está tan abierto y limpio que puede tomar de Dios cualquier cosa que necesite, incluso antes de poder pedirlo.

II Desarrollar la honestidad

La honestidad no necesita tanto desarrollarse como ser identificada en el interior del propio ser y activarse.

Puedes iniciar ese proceso comprobando para qué acudes a Dios.

Dios pregunta: "¿Para qué vienes a Mí? ¿Qué quieres de Mí?"

Cuando Dios me mira de esa manera, yo simplemente sonrío y digo: "Oh, mi Señor, ¿qué podría necesitar de Ti?"

Todo lo que quiero es la honestidad y autenticidad que Tu tienes, que se conviertan en parte de mí, de manera que también pueda ser digno de confianza y honesto."

Sea cual sea la experiencia que se tenga de Dios, todo el mundo estará de acuerdo en que Dios es Verdad.

Por lo tanto, al final, todos tenemos derecho a experimentar esa Verdad.

Esa es, precisamente, la tarea que Dios colma.

III El don de Dios

Dios llena nuestros corazones con la energía pura del auténtico amor, la auténtica paz y la auténtica felicidad.

Y el sentimiento al recibirlas es: "Sí, eso es lo que echaba de menos, eso es lo que estaba buscando".

Y existe tanta felicidad . . . como cuando se encuentra algo que se había perdido hace tiempo.

Encontrar algo que buscabas desde hace mucho siempre provoca felicidad.

IV Mantener la experiencia

¿Qué es exactamente lo que se ha hallado? Las virtudes, cualidades y principios con los que quisiéramos vivir.

Que emergen como la expresión natural del don de la Verdad de Dios.

Emergen, los experimentamos, y sentimos una gran felicidad al conocer.

Esa verdad existe, es hermosa, y, gracias a la conexión con la Fuente, vuelve a estar activada en mí.

Cuando se da esta experiencia, sólo resta una cosa: mantenerla en la vida cotidiana.

Eso quiere decir trabajar con la intención de introducir ese nivel de energía en cada uno de tus pensamientos, palabras y acciones.

En otras palabras: permanecer en paz, puro y sereno; ser una encarnación de paciencia y amor.

V Estudio espiritual

Eso significa dedicarse al estudio espiritual.

No importa si ya tienes un empleo, otros estudios u otro tipo de actividades y responsabilidades.

Está muy bien que sigas con ellos. Sólo debes mantener esas cualidades naturales al mismo tiempo.

Acepta el desafío de ser honesto respecto a tu verdad interior. No es sólo en tu propio interés. También es en interés de los demás.

Los que te rodean necesitan lo que tú tienes.

Puede que a la gente le lleve un tiempo llegar a conocerte, conocer la verdad desde la que trabajas.

Mientras no ocurre, puede que sientas que se aprovechan de ti. Sin embargo, eso también está bien. Deja que pase el tiempo.

Considéralo un tiempo suplementario para practicar tu verdad y desarrollar todavía más tus cualidades.

VI Relaciones

Cuando tus pensamientos, palabras y acciones empiezan a revelar más de tu verdad interior, tu conciencia empieza a despejarse.

Cada vez serán menos los sentimientos de culpa.

Resulta fácil perdonar y ser perdonado. Las relaciones mejoran. Y también la comunicación.

Cuando eres honesto interiormente, no tienes que preocuparte por decir lo que quieres decir.

No necesitas pensar cada uno de tus movimientos, tratando de adivinar si los demás te aceptarán o no.

Sólo dices lo que tienes en la cabeza y los demás te entienden con facilidad.

Te llevas bien con todo el mundo.

VII Victoria

Con honestidad, es como si se hubiese limpiado un espejo interior, que te refleja tu perfecto ser.

Ves que eres nada menos que el hijo perfecto de Dios. Comprendes quién eres, a quién perteneces y qué deberías hacer.

Frente a eso, el ego, la cólera y el resto de cualidades negativas acumuladas en el alma, son derrotadas.

Nada queda de ellas.

VIII Felicidad

La honestidad produce nada menos que este nivel de éxito.

Crea una clase de felicidad muy especial, una felicidad interior que elimina todas tus penas.

También te permite eliminar las penas de los demás.

Con la felicidad de la honestidad, la negatividad de los otros no volverá a alcanzarte, incluso si tratan de acabar contigo a propósito.

La felicidad de la honestidad crea sentimientos muy profundos de seguridad interior. Nada vuelve a influirte de manera casual.

IX Un lugar en el corazón de Dios

Cuando ése haya sido tu esfuerzo y la negatividad en tu interior empiece a perder su fuerza, Dios también se sentirá atraído.

El Señor se complace con un corazón honesto.

Tus esfuerzos por hacer tu corazón honesto, es decir, por vivir de acuerdo con tus auténticas cualidades de amor y paz, te acercan a Dios.

Quienes se parecen a Dios son Sus verdaderos ayudantes.

En la tarea de Dios de renovación del mundo, sólo los que tienen un corazón honesto pueden ser de ayuda.

Ésa es la manera de ganar un lugar en el corazón de Dios.

¿Cómo puedo infundir sentido a mi vida?

Hoy en día muchas personas han perdido el contacto con el sentido de la vida. Se han perdido.

Ni siquiera saben que su vida *tiene* sentido, o un propósito.

Y, si lo saben, no son capaces de saber en qué consiste exactamente.

I Propósito

¿Cuál es el propósito de la vida? ¿Cuál es el propósito de *mi* vida?

Empecé a pensar en eso a una edad muy temprana.

Sin embargo, hoy en día pocos se toman tiempo para sentarse y hacerse esas preguntas.

Si lo hiciesen, hallarían respuestas, respuestas que les guiarían hacia su más elevado potencial.

Hallarían su propósito.

II El destino más elevado

Muchos se contentan con mirar a su alrededor, con observar el mundo y vivir sus vidas.

Algunos padres incluso tienen hijos sin ser capaces de explicarles el propósito de su existencia y el porqué están aquí.

En nuestros días, ni siquiera la educación que se imparte en la escuela es de mucha ayuda a la hora de conseguir que los niños comprendan el propósito de su vida.

El propósito es un tema que raramente se discute, aunque las demandas del mundo de hoy hacen que sea vital que tengamos claro cuál es la intención de todo.

Toda la ansiedad y el miedo de este planeta se deben a que las personas no comprenden el propósito de su vida.

Si los afrontasen, su destino más elevado, el más elevado destino de la humanidad, podría ser satisfecho.

III En manos de la humanidad

Una vez me preguntaron sobre el futuro.

En mi charla expliqué que existen tres clases de personas en este mundo.

La mayoría se preocupa por todo: el crecimiento de la población, el armamento, el crimen, las drogas . . .

Siempre se preocupan y no dejan de hablar de sus preocupaciones.

Otras no se preocupan nunca. Se limitan a recostarse y disfrutar de la vida. No les preocupa nada más.

Y otras creen de manera genuina y honesta que pueden orientar su vida de manera que tenga un impacto en la orientación del mundo.

En otras palabras: son los que se sienten responsables del futuro.

Eso es enfrentarse honestamente a las necesidades de nuestro tiempo.

Transformar el mundo es tarea de Dios, pero ¿cómo lo hace?

Dios consigue realizar su tarea de transformación a través de los actos nobles de los seres humanos.

Así que no es el momento de despreocuparnos del objeto de nuestra vida. Es hora de asumir honestamente nuestra responsabilidad para con el mundo.

Ahora es el momento de pensar en el mundo. Tenemos que hacer algo por el mundo.

Para ello, necesitas empezar viendo qué es lo que *tú* puedes hacer.

Debes hacerlo y después compartir tus experiencias con los demás. Compartir lo que te inspira.

De esta manera, también facilitas que la gente piense en vivir sus vidas de acuerdo con su más elevado propósito.

¿Cómo equilibro los objetivos espirituales con las responsabilidades mundanas?

Es importante, incluso cuando se recorre un camino espiritual, honrar todos los objetivos y compromisos de tu vida.

No obstante, existe un secreto para cultivar tu propósito interior y al mismo tiempo ser responsable para con el mundo.

I El foco de atención interior

El secreto es empezar con el foco de atención interior, el positivo y puro estado mental que conlleva la autosatisfacción, o, también podríamos decir, la autorrealización.

Así pues, la idea es utilizar ese tipo de energía para cumplir con todas tus obligaciones.

Es una cuestión de calibrar la energía que pones en tus objetivos.

Empieza por comprender que tu primer propósito en esta vida es realizar y liberar la dignidad de tu divinidad.

A continuación, deja que esa experiencia sea la fuerza motriz que impulse todo lo que hagas.

Aquí tienes un ejemplo. La paz es una de las principales cualidades de nuestra verdad divina.

Por ello, siempre que dispongo de tiempo, aunque sólo sean unos instantes, siempre trato de llegar a esa verdad y llenarme de esa paz.

El sentimiento es que en el interior se ha almacenado o acumulado paz. Es algo tan poderoso que, de hecho, acumular paz se ha convertido en mi pasatiempo favorito.

Esta paz es la que utilizo para cumplir con el resto de mis obligaciones.

II El poder de la verdad

Existe poder en esa cualidad de paz que ha sido acumulada.

He observado, por ejemplo, cómo el poder de la paz puede resolver muchas situaciones difíciles. Soluciona conflictos.

También he visto cómo esa paz agudiza la capacidad de discernir lo bueno de lo malo, para el propio ser y para los demás.

Mi postura es que, sea lo que fuere que necesitemos hacer en el mundo exterior, se conseguirá con mucha más facilidad si está alimentado por el poder de nuestra verdad interior.

Así que sigue acumulando el poder de la verdad en el interior del propio ser. Esa es una de las clave para poder llevar lograr mucho más en el mundo con mucho menos esfuerzo.

¿Está el destino predeterminado o está en mis manos crearlo?

Por supuesto que crear un buen destino para ti está en tus manos.

El primer paso es sencillamente desearlo.

Después, cuando tomas la ayuda de Dios, realizas buenas acciones y sigues siendo honesto y te mantienes concentrado en tus esfuerzos espirituales, tu destino puede convertirse en bueno.

Sin embargo, lo más interesante del concepto de destino es que, lo mismo que está en tus manos la posibilidad de crearlo, también está predeterminado.

Es importante comprender cómo estos dos conceptos —que por lo general se consideran contradictorios—, trabajan juntos para nuestro exclusivo beneficio.

I La ley del karma

En nuestra vida aparecerán situaciones adversas.

En lugar de dejarnos sorprender y desesperarnos, podemos permanecer serenos y creativos.

Eso es posible mediante la comprensión de la predestinación.

Comprender que una situación estaba predestinada significa que tenía que suceder.

La predestinación también opera mano a mano con la filosofía del karma, que nos recuerda que nada ocurre por accidente ("recoges lo que siembras").

También nos dice que todo lo que pasa está bien.

Puedes llegar a darte cuenta de que es así cuando comprendes que en cada situación difícil de tu vida existe un secreto, una lección a medida para tu crecimiento personal.

Cuando comprendes que las diversas pruebas y tribulaciones de tu vida están predestinadas para guiarte en tu proceso de cambio, único e individual, pones más atención a lo que tratan de enseñarte.

Después de todo, a pesar de que el día de hoy sea el resultado de las semillas que plantaste ayer, tu *mañana* será el resultado de las que plantes hoy.

Comprender el concepto de predestinación y cómo opera en conjunción con las leyes del karma te mantendrá en el asiento del conductor de tu vida.

II Libre albedrío

Siempre que me encuentro con una dificultad, sólo tengo dos cosas que decir.

La primera: "Muy bien, esto tenía que pasar, estaba predestinado, tenía que suceder"; y segunda: "Ahora tengo que superarlo y seguir avanzando".

El primer pensamiento es el resultado de comprender la predestinación.

El segundo resulta de comprender el libre albedrío.

El libre albedrío es un componente de la filosofía del karma.

Tanto predestinación como libre albedrío trabajan juntos. Si no existe una comprensión adecuada de ambos y de cómo operan, las situaciones difíciles te retrasarán e incluso pueden llegar a bloquearte.

Te verás atrapado en ellas, olvidando que, en cada momento, cada uno de tus pensamientos, palabras y actos no son sólo una elección, sino también una semilla *que determina tu futuro.*

Cuando lo olvidas, tu destino deja de estar en tus manos.

Porque olvidas que todo lo que sucede tiene que suceder, y que tu tarea es ir más allá.

Tu tarea es continuar creando tu futuro.

III ¡Sigue adelante!

Tengo mucha fe en Dios, y también mucho valor para hacer lo que quiero hacer, pero de vez en cuando mi cuerpo enferma.

Suelo preguntarme cómo puedo crear mi futuro con un cuerpo que no funciona de manera adecuada.

Sin embargo, desde entonces he comprendido que no tengo que pensar en esas cosas.

¡Lo que importa es seguir adelante! ¡Continuar!

Sea lo que fuere lo que te sale al paso, sigue plantando el bien, buenas semillas para tus "mañanas". A mi cuerpo sólo le digo: "Muy bien. Tú haz lo que tienes que hacer que yo ya haré lo que tenga que hacer".

La misma idea es válida para aspectos aún más sutiles. Las personas con las que te relaciones a diario criticarán, se quejarán y competirán. Pero ¿por qué preocuparse?

Que digan lo que quieran. Tú sólo tienes que continuar con lo que tienes que hacer.

Como Dios y el tiempo están de nuestro lado, podemos crear un destino tan elevado como queramos.

Recibe la ayuda de Dios y usa el tiempo de manera adecuada. Entonces tu destino estará indudablemente en tus manos.

6

Sobre el viaje personal de Dadi

¿Qué sabe Dios del corazón de una mujer?

En una de las escrituras se afirma que sólo Dios conoce el corazón de una mujer.

Aunque es un verso de un texto antiguo, me parece que es relevante para los tiempos que nos han tocado vivir.

También es relevante para la predisposición de las mujeres, en general, con respecto a las cuestiones de la espiritualidad y de Dios.

El primer aspecto es que, durante mucho tiempo, algunas áreas de la sociedad han basado su comprensión de la mujer en el sentimiento sutil de que la mujer no puede pensar; que el intelecto de una mujer no es bueno.

Eso, claro está, no es cierto, pero la idea se vio reforzada por la mala interpretación de otro aspecto completamente distinto.

Ese otro aspecto, que no ha sido comprendido en absoluto, es que la mujer no posee mucho amor propio.

Han perdido el amor propio.

A causa de ello, la sociedad ha impuesto sus opiniones a las mujeres, que a su vez se las han llegado a creer.

De hecho, debido a la falta de esa cualidad esencial, la mayor parte del tiempo las mujeres se dejan influir fácilmente por la opinión de cualquiera.

I Fe quebrada

En muchas áreas de la sociedad, no se escucha la opinión de la mujer. De hecho, apenas se la ve, por mucho que grite.

La sensación que eso ha provocado en la mujer es que ha sido engañada por todos: maridos, hijos, políticos, doctores, legisladores, maestros, líderes religiosos . . .

El resultado es que las mujeres han perdido su confianza . . .

Su fe en los demás se ha quebrado.

II Sentimientos en el corazón

Esta es una de las razones por las que la mujer suele ser receptiva al amor de Dios.

Porque siente que sólo Dios la conoce de verdad, que sólo Él entiende los sentimientos de su corazón.

A Dios también se le conoce como el que sustenta a los oprimidos. Como la mujer se siente mal entendida y maltratada, está predispuesta al amor que Él le ofrece.

El amor de Dios no sólo sustenta, sino que también confirma su validez.

III La grandeza de la mujer

Dios conoce la grandeza de la mujer.

La grandeza de la mujer —o, podríamos decir, la grandeza del principio femenino— es Virtud, y sobre todo las cualidades de compasión, amor y rectitud.

Dios sabe que para ella esas cualidades son como posesiones y que, si ella quiere, puede utilizarlas no sólo para sí misma o su familia más próxima, sino para todo el mundo.

Él sabe que, si ella lo desea, puede ser más que la madre de su familia.

Puede ser la madre de todo el mundo, de la familia de la humanidad.

Estas cualidades hacen a la mujer igual a Dios, Madre/Padre. Mediante esas cualidades virtuosas, ella se hace como Él.

IV Las auténticas gurús

Dios sabe que no hay nada más importante que una madre.

La madre es quien sostiene a la familia. Dios sabe que las madres son las auténticas maestras, las auténticas gurús del mundo.

Después de todo, ¿no es la madre la que educa a sus hijos con su propio ejemplo?

V El papel de las mujeres en la sociedad actual

En estos tiempos de oscuridad y aflicción, el papel de la mujer es muy poderoso.

Si permanece en su amor propio y toma el poder del Todopoderoso, puede llevar el mensaje de Dios a todos.

No sólo puede sacarles de la oscuridad, sino que también puede subirles a la embarcación de la Verdad.

Y mostrarles cómo ir más allá.

¿Qué eleva la dignidad de una mujer?

Existen tres cualidades que creo que forman parte de la mujer.

Son: tolerancia, compasión auténtica y el poder de la verdad.

Estas cualidades sirven para producir un corazón abierto, generoso y muy grande: el corazón de la madre del mundo.

La imagen de la madre de mundo es importante hoy en día.

Su deseo es ayudar a los demás a avanzar.

Sin importar los desafíos que la rodeen.

I La madre del mundo

La imagen de la madre del mundo es el principio femenino, que trata de la virtud, de virtudes como compasión, amor y paciencia.

Virtudes como ésas son exactamente lo que más necesita nuestro mundo.

Evidentemente, tanto el principio femenino como el masculino tienen que hallarse en todas y cada una de las almas. Pero el principio de virtud es el que puede prestar mejores servicios en el mundo de hoy.

Porque yo soy mujer en este nacimiento, mi carácter ha sido predispuesto a esas cualidades desde el principio.

Me parece que ha sido una excelente preparación para la satisfacción de mis responsabilidades hacia mi familia espiritual: el mundo entero.

II Valor

Nunca he albergado el pensamiento de que este es un "mundo de hombres", y de que nosotras, las mujeres, no podemos triunfar.

Sin embargo, en el mundo de hoy, el auténtico triunfo requiere de valor constante y de una completa honradez por parte nuestra.

Si alguna vez te has sentido asustada o desanimada, tengo un secreto que me gustaría compartir contigo:

Tómate un momento en silencio, métete en ti misma *y evoca tu valor.*

Ten fe en que posees la solución, en que tienes las respuestas, en que sabes lo que hay que hacer.

Nunca te dejes influir por lo que otros puedan pensar.

Vuelve la atención a tu interior, que aflore la sabiduría que esconde y a continuación haz algo con ella.

Sólo necesitas empezar con ese minuto, diciéndote a ti misma: "Vale, veamos que se puede hacer".

Nunca carecemos de soluciones para nuestros problemas.

Lo que ocurre es que a veces tenemos que esperar un poco.

Aprende a permanecer en paz y ser paciente.

Las respuestas llegarán indudablemente y en el momento justo.

¿Cómo expresa su singular sentido del ser?

Desde la infancia siempre he pensado que mi vida debería servir como ejemplo frente al mundo.

Nunca tuve la intención de desperdiciar mi vida en cosas ordinarias.

Quería una vida llena de un único propósito y sentido. ¡Nada menos que una celebración de la grandeza de la vida!

No me interesaba convertirme en una líder que utilizase mucha puesta en escena.

Quería ser una auténtica líder, a través del poder de la verdad, la honestidad y la pureza.

I Convertirse en ejemplo

Al finalizar la adolescencia tuve una fuerte experiencia del amor de Dios, de Dios como Verdad. A partir de ese día, mi vida ha estado dedicada principalmente a dos objetivos: mantener a Dios en mi corazón a fin de poder volar de la manera en que sólo Él puede hacerme volar, y hacer posible que todos puedan llegar a conocer esa Verdad.

Solía pensar que para eso necesitaba enseñar a los demás e ir por ahí dando muchas conferencias.

Ahora siento que mi primera y principal tarea es cuidar de mi propio ser, ser mi propia maestra y alumna, y de esta manera, convertirme en un ejemplo.

En los primeros tiempos se nos animaba a seguir el ejemplo del Padre Fundador de nuestra institución.

Nunca dio ningún consejo que él mismo no estuviese dispuesto a seguir.

Eso se convirtió en un modelo de trabajo para mí.

Si no has probado en tu propia vida los consejos que das a los demás, esos consejos no serán de mucha utilidad.

II Una visión global

Cuando era niña, siempre que pensaba en el mundo tenía la imagen y el sentimiento de sostener un globo de pura luz.

Era la visión de un mundo en el que no existía separación entre Oriente y Occidente. Era un solo mundo, y yo lo sostenía en mis manos.

Esa visión me ayudó a mantenerme en mis objetivos. En primer lugar, creó el sentimiento de estar separada de ese mundo, estando en él, pero también de poder estar fuera y "sostenerlo", por así decirlo.

Fue algo muy provechoso a la hora de desarrollar mi relación con Dios.

Me ayudó a comprender la diferencia entre una perspectiva limitada y una ilimitada, y sólo puedes ser de ayuda para los demás cuando tu mente no se halla atrapada en la limitación.

Permanecer en una experiencia ilimitada de ti mismo te permite estar por encima y más allá de los efectos de un problema.

Eso hace que sea más fácil ver dónde radican las soluciones.

Mi experiencia es que esfuerzos de ese tipo pueden convertir tu vida en algo muy diferente y único, de una forma maravillosa.

El arte de vivir

Sobre el viaje personal de Dadi

¿Cuál es el origen del sentido de su vida?

Siempre he sentido que, como la vida humana es tan valiosa, era muy importante vivirla con sentido.

El sentido de la vida en estos momentos, de acuerdo con las necesidades actuales, es establecer un ejemplo para los demás; en realidad, convertir tu propia vida en ese ejemplo.

I Propósito

Nuestro mundo no puede afrontar más insultos al espíritu de nuestra humanidad.

Debemos hacer frente al desafío de dejar de hacer lo que denigra a nuestra familia mundial y a Dios.

Éste es el propósito que yo he escogido. No para mi glorificación, sino para la de todos.

Ése ha sido siempre mi más intenso propósito, y por el que estaría dispuesta a morir.

Algunas personas están dispuestas a renunciar a su objetivo en la vida, es decir, al sentido de su vida, tan pronto como aparece la más mínima dificultad.

Dicen que no pueden continuar; que no es posible.

Es cierto que se necesita mucha fuerza interior para llevar a cabo una tarea elevada.

Continuamente nos llegan pruebas encaminadas a examinar el sentido de nuestra vida; no existe una fecha u hora determinada para dichas pruebas.

Y a menudo, no hay nadie a quien pedir ayuda.

Ni siquiera la ayuda de Dios está siempre disponible de la manera habitual. Por ejemplo: he visto cómo, en tiempos de dificultad, Dios siempre estaba frente a mí.

Pero en otras ocasiones no era así.

Luego miraba detrás mío y allí Le encontraba, observándome para ver cómo me las arreglaba, como si quisiera ver si disponía de valor y fe.

O si iba a portarme como una niña pequeña y abandonar.

II Avanzar

Siempre me aseguro de recordar que ésta es mi vida divina, de estudiante. Dicho de otra manera: siempre debo aprender algo.

Si te mantienes en una actitud de aprendizaje, resulta fácil avanzar.

El mal sólo aparece cuando crees que ya lo sabes todo. Si dejes que penetre ese sentimiento, no podrás pasar la prueba del sentido de tu vida.

Fracasarás.

Siempre creo que tengo que seguir avanzando. Ni siquiera me permito mirar a los lados. ¡Sólo adelante!

Aquellos que tienen el hábito de mirar a su alrededor en lugar de seguir recto siempre se atascan.

¡Ahora no es el momento de retroceder o abandonar!

Siempre mantengo mi destino justo enfrente mío. Así es como sé que lo alcanzaré.

Todo el mundo debería tener este tipo de fe firme en su elevado y verdadero destino. Así podría alcanzarlo.

Hay tres voces intensas que procuro escuchar a todas horas: 1) mi propia voz interior; 2) las indicaciones de los tiempos, y 3) las señales de Dios.

Estas tres voces nos ayudan a continuar avanzando.

Parte C

Visión final

ÁNGELES

Primer parte

Los ángeles no son como los seres humanos.

Su forma puede ser humana y también pueden ser jóvenes o viejos.

Sin embargo, los ángeles siempre son hermosos, no importa su forma o edad.

Por eso todo el mundo ama a los ángeles, sin importar la religión que se procese.

Aunque las personas no experimenten a Dios en sus vidas, serán felices si sienten la presencia de los ángeles.

Se sienten a salvo cuando sienten que los ángeles les protegen.

I Creación original de Dios

Los ángeles nunca parecen tener padre o madre.

Los padres de los diversos fundadores religiosos son bien conocidos. Sin embargo, en el caso de los ángeles, nunca se piensa en sus padres.

Esto es así porque los ángeles son una creación original de Dios.

Esta es mi experiencia: yo tengo una forma física, tengo este cuerpo.

No obstante, en mi interior, soy un ser espiritual, un alma.

Y en esa conciencia, sólo soy hija de Dios.

II Convertirse en ángel

¿Es posible convertirse en ángel? La verdad es que te puedes convertir en lo que quieras.

Los estudiantes universitarios quieren hacer algo con sus vidas. Estudian y consiguen sus títulos, por mucho que les cueste. Al final, se convierten en lo que querían ser.

Durante los últimos sesenta años yo también he estado estudiando.

He estudiado para convertirme en ángel.

Eso no significa que tú tengas que estudiar sesenta años. Me ha llevado demasiado tiempo.

Todo lo que necesitas es reconocerte a ti mismo como un ser espiritual, cuyo padre original es Dios.

Eso asegura una herencia.

Después, sólo es cuestión de hacer emerger lo que es inherente.

En realidad, todo lo que necesitas es un deseo: "Quiero convertirme en un ángel".

III La experiencia de luz

Hay otra experiencia que me gustaría compartir.

Buscaba a Dios desde niña, anhelaba tener la experiencia.

A los diecinueve años ese deseo se cumplió.

Sucedió un día mientras paseaba con mi padre.

Mientras caminábamos vi a Brahma Baba, el fundador de esta institución espiritual.

Al verle aproximarse tuve una "visión", una experiencia de luz.

Esa experiencia de luz fue un momento muy hermoso, muy especial, que finalmente calmó mi sed.

En esa experiencia me sentí llena de la sensación de estar con Dios, de haber encontrado a Dios.

Conocía a Brahma Baba antes de que fundase la institución, así que no imaginé que Brahma Baba pudiera ser Dios.

Mi "visión" fue el resultado de los esfuerzos de Brahma Baba.

Él había aprendido a reconocer y comprender al Supremo.

Y eso me había permitido tener la misma experiencia.

En ese instante tuve la sensación de estar completamente separada de mi cuerpo.

Y supe que aunque mi padre físico era el responsable de la creación de mi cuerpo físico, en realidad yo pertenecía a esa Luz, al Ser de Luz que era Dios.

Sentí mucha alegría y felicidad.

En ese momento, mi corazón se llenó de un sentimiento: "Tú eres mi Padre. Quiero ser como *Tú*".

IV Cualidades divinas

Dios tiene muchas cualidades: paz, gozo, amor, pureza, fuerza, verdad . . .

Siempre quise contar con esos atributos en mi vida; sin embargo, a pesar de mi devoción por Dios durante todos esos años, no las poseía.

En su lugar había mucho miedo, apego y preocupación.

Sin embargo, tan pronto como experimenté ese momento de reconocimiento, tan pronto como dije: "Dios, Te pertenezco", fue como si esas cualidades Divinas empezasen a emerger de mi interior.

Lo que estaba latente emergió.

Todas mis tendencias negativas me abandonaron.

Dejé de sentir que me perteneciesen.

V Reconocerme a mí misma

Cuando hablo de ver la luz de Dios, no quiero decir que se vea un destello de luz.

Al hecho abrirse el tercer ojo de la sabiduría también se le llama luz.

Luz también es la luz del conocimiento, la luz de la comprensión.

La luz me permitió recordar, es decir, reconocer, mi propio y verdadero ser.

También me permitió recordar y reconocer a mi propio y verdadero Padre.

VI Ser luz

Experimentar la luz de Dios significa que existe una sensación de reconocimiento en el interior. Algo cambia en tu interior.

La comprensión desde el interior empieza a emerger.

Más que comprensión, es como si se despertase un recuerdo y te vieses inundado con el reconocimiento de quién eres en realidad y qué es Dios.

En ese instante de reconocimiento, dejas de estar atado a la conciencia (inferior) de ti mismo como cuerpo.

Te liberas y tú también te conviertes en luz.

Segunda parte

Una vez le pregunté a Dios: "¿Me encontraste tú, o fui yo quien, después de toda mi búsqueda, Te encontré finalmente?

Su respuesta fue: "No me buscabas tanto. Era yo quien buscaba a alguien como tú."

I Dios, mi sostén

Dios busca a quienes tienen un corazón honesto.

Busca a aquellos que sienten tanto amor que Le convierten en su único sostén.

¿Puedes imaginar a alguien así?

Alguien que, en todos los aspectos de su vida, ha convertido a Dios en la base de su bienestar?

¿Cómo será alguien así? ¿Cuánta fuerza y virtud poseerá?

Y, sin embargo, esas personas dirán: "Sí, tengo buen carácter, pero no sé de dónde viene . . ."

II Carácter que viene de Dios

En la actualidad, quien tiene buen carácter a menudo también tiene esa arrogancia.

Sin embargo, un ángel, posee cualidades que provienen de Dios. Es lo que ocurre cuando no existe ego.

Nunca verás un ángel arrogante.

Los ángeles saben que en el mundo de hoy y los tiempos que nos han tocado vivir, se necesitan seres con carácter.

Y saben quién se lo ha dado . . .

Tercera parte

Otro aspecto de quien se ha convertido en ángel es que no tiene deseos, como ocurre con los seres humanos ordinarios.

Como han recibido toda su herencia de Dios, todos sus deseos han sido colmados.

Su bienestar no depende de nadie ni de nada.

Por eso siempre se muestra a los ángeles volando y con los brazos extendidos, abiertos.

Son entidades independientes, soberanos autosuficientes.

I Nuestro potencial

Hace poco me encontraba sola en una avioneta y pude observar todo lo que sucedía.

Al despegar, observé que las ruedas se plegaban hacia dentro;

y más tarde, cuando llegó el momento de aterrizar, se desplegaron.

Lo mismo sucedió con la escalerilla. Cuando el aparato despegó, la escalerilla se plegó hacia dentro y a la hora de aterrizar, se desplegó.

No se necesitó ningún tipo ayuda.

Esas avionetas son del todo independientes.

Esa observación me condujo a pensar que nosotros también debemos hacer lo mismo.

Igual que esas avionetas, nosotros también somos pájaros libres: autosuficientes y del todo independientes.

Ése es el potencial de nuestra divinidad.

Deberíamos utilizarlo para estar tan asentados en la verdad, que nuestra presencia fuese una fuente de inspiración para los demás.

Podemos convertir nuestras vidas en ejemplos.

II Nuestro derecho de nacimiento

Todo lo que necesitas hacer para volar es sumergir tus sentidos físicos y penetrar en tu interior.

Eso significa recordarte a ti mismo como luz: como un ser espiritual, divino.

Significa comprenderte a ti mismo en el contexto de una realidad diferente, más sutil. Una realidad llena de luz, contigo, un ser de luz, recibiendo todo el poder del Supremo . . .

Como un derecho de nacimiento.

III Mantener la visión

Nos convertimos en seres divinos al comprender, creer y aceptar que eso es lo que somos en realidad.

Sólo es cuestión de demostrarlo a través de sentimientos de buena voluntad por los demás.

Sólo necesitas examinarte a ti mismo, asegurarte de que tus pensamientos, palabras y actos no se convierten en ordinarios.

El vuelo de un ángel no es una cuestión de volar físicamente. Para eso no se necesitan brazos ni piernas físicos.

La actitud y la vibración de un corazón y una mente puros hacen todo el trabajo a través de los ojos.

Deja que tu corazón esté limpio y la mente en paz, y serás capaz de volar con la mente.

¡Esa es la alegría de convertirse en ángel!

Sobre la Autora

Dadi Janki es una mujer de sabiduría. El viaje de su vida ha sido una culminación de su anhelo infantil por conocer a Dios y acercarse a Él.

Dadi nació en la India en 1916 en el seno de una devota y filantrópica familia. No recibió educación formal a partir de los catorce años, y sus estudios se basaron principalmente en las escrituras. A los veintiún años se unió a la Brahma Kumaris

World Spiritual University, y desde entonces ha dedicado su vida al servicio espiritual de los demás.

Dadi aboga por la verdad y trabaja incansable por la paz mundial. Viaja por todo el mundo, enseñando y compartiendo su sabiduría y su profundo conocimiento de la espiritualidad. Es un alma que rechaza poner límites y fronteras a lo que puede alcanzarse y, al hacerlo, invita a los demás a creer que ellos también pueden convertir lo imposible en posible. Reconocida en todo el mundo por la profundidad y perspicacia de sus conferencias y clases espirituales, sus palabras de sabiduría han proporcionado alas a incontables almas.

Desde la primera vez que llegó a Londres, en 1974, Dadi ha supervisado la expansión de la obra de Brahma Kumaris en más de setenta países y ahora es la directora administrativa adjunta de la Universidad. Dadi es una de las integrantes de los Guardianes de la sabiduría, un grupo de líderes espirituales y religiosos eminentes que son convocados a las conferencias de las Naciones Unidas. También es fundadora y presidenta de la Janki Foundation for Global Health Care y vicepresidenta del Congreso Mundial de las Religiones.

SOBRE BRAHMA KUMARIS

El centro de atención de la Brahma Kumaris World Spiritual University es ayudar a las personas a explorar sus recursos internos para que puedan desarrollar su más elevado nivel de integridad personal y los atributos de liderazgo. Este método único de educación sobre valores humanos, morales y espirituales fue iniciado en 1936, y en la actualidad se ofrece en más de 3.500 sedes repartidas por 72 países.

Afiliada a las Naciones Unidas como ONG (Organización no Gubernamental), con estatus consultivo general en el Consejo Económico y Social de las Naciones Unidas y en UNICEF, la Universidad ha organizado tres grandes proyectos internacionales en los últimos años. Entre ellos "Un millón de minutos por la paz" (1986), "Cooperación global para un mundo mejor" (1988-1991) y "Compartir nuestros valores para un mundo mejor", organizado en 1995, con motivo del cincuentenario de la fundación de las Naciones Unidas.

Cada una de las 3.500 sedes de la Universidad repartidas por el mundo ofrece cursos de meditación y comprensión espiritual, y conferencias y seminarios sobre pensamiento positivo, autogestión y control del estrés. También se organizan cursos y actividades en diferentes áreas de la comunidad, como hospitales, escuelas, prisiones, empresas e industrias.

Todos los cursos se ofrecen de forma gratuita y como un servicio a la comunidad.

Direcciones internacionales

Brahma Kumaris World Spiritual University

Sede mundial
P.O. Box N1 2, Mount Abu, Rajastán 307501, India
Tel: ("91) 2974 38261 68; fax ("91) 2974 38952
E-mail: *bkabu@vsnl.com*

Oficina de coordinación internacional
Global Cooperation House
65 Pound Lane, Londres, NW10 2HH, Gran Bretaña
Tel: ("44) 181 727 3300; fax: ("44) 181 451 6480
E-mail: *London@bkwsu.com*

Oficinas regionales

África
Global Museum for a Better World
Maua Close, off Parklands Road, Westland
P.O. Box 12349, Nairobi, Kenya
Tel: ("254) 2 743 572; fax: ("61) 2 743 885
E-mail: *bkwsugm@hlidaybazaar.com*

Australia y Sudeste Asiático
78 Alt Street, Ashfield, Sidney NSW 2131, Australia
Tel: ("61) 2 9716 7066; fax: ("61) 2 9716 7795
E-mail: *indra@one.net.au*

India
25 New Rohtak Road, Karol Bagh, Nueva Delhi 110005, India
Tel: ("91) 11 752 8516; fax: ("91) 11 649 7824
E-mail: *bkdel.shanti@globalnet.ems.vsnl.net.in*

Norte, Sudamérica y Caribe
Global Harmony House, 46 S. Middle Neck Road
Great Neck, NY 11021 EE.UU.
Tel: ("1) 516 773 0971; fax: ("1) 516 773 0976
E-mail: *newyork@bkwsu.com*

Rusia y CEI
35, Prospect Andropova, Moscd 115487, Rusia
Tel: ("7) 095 112 5128; fax: ("7) 095 112 5126
E-mail: *bkpd@vsnl.com*

Web: http://www.bkwsu.com

Principales centros

Gran Bretaña e Irlanda

Londres
Global Cooperation House
65 Pound Lane, Londres, NW10 2HH, Gran Bretaña
Tel: ("44) 181 727 3300; fax: ("44) 181 451 6480
E-mail: *London@bkwsu.com*

Nuneham Courtenay
Global Retrear Center, Nuneham Park
Nuneham Courtenay, Oxon OX44 9PG
Tel: 01865 343 551

Edimburgo
20 Polwarth Crescent
Edimburgo EHI IHW
Tel: 0131 229 7220

Cardiff
8 Haxby Court, Fellbridge Close
Atlantic Wharfe, Cardiff CFI 5HB
Tel: 0122 480 557

Dublín, Irlanda
36 Lansdowne Road, Ballsbridge
Dublín 4, Irlanda
Tel: ("353) 1 660 3967

Norte y Sudamérica

Estados Unidos:

1821 Beacon St., Brookline
Boston, MA 02146
Tel: 1-617-734-1464

1609 W. Chase Ave.
Chicago, IL 60626
Tel: 1-773-262-2828

3221 E. Manoa Rd.
Honolulu, HI 96822
Tel: 1-808-988-3141

8009 Hollywood Blvd.
Los Ángeles, CA 90046
Tel: 1-213-876-5545

1200 North June St.
Apt. 410
Los Ángeles, CA 90038
Tel: 1-323-461-8028

306 Fifth Ave.
Nueva York, NY 10001
Tel: 1 212 564 0533

4160 S.W. 4th St.
Miami, FL 33134
Tel: 1-305-442-2252

710 Marquis
San Antonio, TX 78216
Tel: 1-210-344-8343

410 Baker St.
San Francisco, CA 94117
Tel: 1-415-563-4459

302 Sixteenth St.
Seal Beach, CA 90740
Tel: 1-562-430-4711

99-13 Georgia Ave.
Silver Spring, MD 20902
Tel: 1-301-593-4990

Mind's Eye Museum
2207 E. Busch Blvd.
Tampa, FL 33612
Tel: 1-813-935-0736

Canadá:

897 College St.
Toronto, Ontario M6H 1A1
Tel: 1-416-537-3034

Trinidad:

55-57 Pointe-A-Pierre Rd.
San Fernando
Tel: 1-809-653-3766

En nuestros centros se ofrecen cursos gratuitos de introducción a la meditación. Si desea más información, y la dirección de un centro cercano a su lugar de residencia, por favor, póngase en contacto con uno de los mencionados anteriormente.

Inspiración para el Adolescente

Code #732X • $12.95

Disponible en todas las librerías
o llamando al **1.888.880.SOPA** (1.888.880.7672)
Ordenar en la Internet a ***www.hci-online.com***

Ángeles